ちくま新書

入門　近代仏教思想

碧海寿広
Ohmi Toshihiro

1201

入門　近代仏教思想【目次】

まえがき──忘れられた近代思想

仏教について、あなたは何を知っているだろうか。

古代インドの釈尊（仏陀）の教え、『般若心経』、『法華経』、『阿弥陀経』などの経典、あるいは、日本の空海や法然や親鸞や道元や日蓮らの思想と生涯。これらの仏教については、一定の知識があるかもしれない。

では、近代日本の仏教について、あなたは何を知っているだろうか。おおよそ明治時代から昭和の敗戦に至るまでの、日本の仏教について、どこまで知っているだろうか。

たとえば、近代日本の仏教者の名前が、どれだけ思い浮かぶだろうか。近代日本で刊行された仏教書のタイトルを、どれだけ言うことができるだろうか。

各種の思想や哲学に広く精通している読者や、世界や日本の歴史に詳しい識者でも、近代仏教についての知識が豊富な人は、ごく希である。それが私の率直な印象だ。

あるいは、鈴木《すずき》大拙《だいせつ》であれば、多くの人が知っているかもしれない。世界で最も有名な日本の仏教者。世界に「禅」を広めた立役者。その禅の思想は、欧米の人たち向けにアレンジされており、本来の禅のあり方を曲げている、といった批判もなされてきた。だが、彼の思想と学識の深さや厚みは、近代以降の日本の仏教者のなかでも、明らかに頂点的なレベルにあった。

しかしながら、大拙が日本でとても著名になったのは、彼の人生の晩年に近づいてからのことである。特に戦後、アメリカでの影響力が大きくなったのを受けて、本国の日本でも、偉大な仏教者として幅広く知られるようになった。それゆえ、彼を近代日本の代表的な仏教者とする考え方には、全面的には賛同し難いところがある。

それに対して、本書がおもに取り上げる近代の仏教者たちは、彼らが生きたその時代において、社会に大きな影響力を持った人々である。彼らは、今ではあまり知られていないが、明治、大正、昭和初期の、彼らが活躍した時代においては、世間に広く知られ、その動向にも注目が集まった。

このうち、近年その「お化《ば》け博士《はかせ》」「妖怪博士《ようかいはかせ》」としての魅力が再評価されている井上《いのうえ》円了《えんりょう》や、ベストセラー『出家とその弟子』が今でも読まれ続けている倉田百三《くらたひやくぞう》については、名前ぐらいは知っている人が多いだろう。だが、清沢満之《きよざわまんし》や暁烏敏《あけがらすはや》となると、一部では有名だが、知らない人は全然知らないはずである。そもそも、ルビなしで彼らの名前が読めるかどうかも怪しい。近角常観《ちかずみじょうかん》となると、その名前を知っている方は相当な通人だ。私はこの近角について専門的に研究してきたので、すでに彼のことを知ってくれているのだとしたら、とても嬉しいことである。

本書は、彼らの思想と生涯について平明に紹介することを、まずは第一の目的としている。それらは、現在改めて見直してみても、それぞれが非常に興味深い、近代の思想であり、近代の個人史である。

だが、本書の最大の目的は、別にある。それは、彼ら近代日本の仏教者たちの思想が、どのような時代的背景のもとに生まれ、そして、どのようにして時代を変えたのか、これを明らかにすることである。

彼らの仏教思想は、単に仏教を近代において考え直してみた、だけのものではまったくない。それは、近代において、日本人の生き方や、ものの考え方が、大きく変化していく過程に、ときに敏感に呼応し、ときにその過程を強く後押ししながら、展開していったのである。

ここでキーワードとなるのは、「哲学」そして「教養」である。

昨今、仏教を独創的な哲学として論じる、とても刺激的な作業が行われている［竹村二〇〇九］。仏教には、西洋の哲学に比肩し、あるいは凌駕《りょうが》する、独自の哲学的な側面がある。

その内実を掘り下げていく作業は、仏教の可能性について考えていく上での、かなり有意義な方法だろう。

だが、今では詳しく知る者は少ないだろうが、仏教を哲学として見直す、という試み自体は、明治の半ば頃からすでに行われていた。仏教を哲学として語ることで、一定の成果を生み、また、ある種の限界にも突き当たってきた。そうした成果と行き詰まりの歴史には、明治の日本人の思想の、微妙な変遷のプロセスが映し出されている。

一方、近代日本における教養文化の形成と展開にも、仏教は密接に関わっていた。幅広い読書などにより教養を深め、そうすることで「人格」を高めることを目指す教養主義の文化は、大正期の頃に成熟し、一九七〇年代頃には「没落」したとされている〔竹内二〇〇三〕。そして現在では、近代日本のエリート文化ないしは知的カルチャーとして、懐古的に語られたり、研究されたりしている。

だが、この教養主義の歴史において、仏教が、そのライバル宗教であるキリスト教とともに、いかに重要な役割を果たしたのかについては、現状、十分には認識されていないのではないかと思われる。教養主義のまっただなかを生きた時代の日本人にとって、仏教は欠かせぬ要素の一つであった。そうした事実が、今日ではあまり顧みられてはいないように思えるのである。

私たちは、近代の仏教が果たした役割について、あまりにも多くを忘れ過ぎているのではないだろうか。たかだか百年かそれくらい前の、長い仏教の歴史から考えれば非常に「近い」仏教を、あまりにも「遠く」に追いやってしまってはいないだろうか。

この近くて遠い仏教を、私たちのもっと近くにたぐり寄せる。そうすることで、近代の延長を生きる現代の私たちの立ち位置を、まったく新しい視点から捉え直す。本書が試みるのは、そうした目的を達成するための、一つの基礎的な作業である。

この国の近代の仏教思想は、独自の魅力と豊かな可能性に満ちている。そうした真実にあなたが気づき、あなたにとって近くて遠い仏教が、少しでも近くて近い仏教になったなら——。それが私の願いである。

序　章
近代仏教の形成と哲学

島地黙雷(1838-1911)

1　明治仏教の前提

†江戸時代の仏教

明治時代は日本の仏教史上、一つの大きな画期となった。人々の仏教に対する扱い方が、それまでとは劇的に変わったのである。社会における寺院の役割が変化し、僧侶の位置づけも過去とは異なるものになった。こうした状況に応じて、仏教の思想も、従来とは異質の性格を持つようになっていく。

明治の一つ前の時代である江戸時代において、仏教は日本社会の広い範囲に、根深い力を及ぼしていた。比較的よく知られているように、いわゆる寺請制度《てらうけせいど》の影響が、まずは決定的に大きかった。この点、非常に重要なので簡単に確認しておこう。

江戸幕府は、異国の神を奉じることで秩序を乱す恐れのある、キリスト教徒を弾圧していった。その弾圧の過程で、キリスト教をやめた者たちの身分保証を、各地の寺院に任せるようになった。その際に発行されていた身分証明書＝寺請証文《てらうけしょうもん》は、やがて、日本人全員に義務付けられるようになっていった。

一方、こうした過程に先立ち、日本全国で、人々の葬式や法事（四十九日や一周忌などの追《つい》善供養《ぜんくよう》）を専門的に行う寺院が、急速なペースで建立されていった。いわゆる檀那寺《だんなでら》（菩提《ぼだい》寺《じ》）が普及していったのである。

このような二つの過程が合流したことで、江戸時代の日本においては、寺院が、個々の人間の身分保証を行う行政的な機関と化すと同時に、そこで身分を保証される人間＝檀家《だんか》の葬儀や法事を、檀那寺として排他的に担うようになった。これが、一般に「寺請制度」と呼ばれるものである。また、寺院と檀家の、葬祭儀礼を媒介とした密接な関係について言及する場合には、「檀家制度」という言葉が用いられることが多い。

この寺請（檀家）制度のもとで、人々は必ず特定の寺院の僧侶に、葬儀や法事を依頼しなければならなくなった。また、幕府から檀家の身分保証を任された寺院は、人々に対して一定の権力を振るえるようにもなった。たとえば、身分保証の拒否などを匂わせながら、寺院への高額の布施を檀家に強要するなどの、悪質な例もあった。

ゆえに、この寺請制度は、幕府の権力を後ろ盾にした寺院による、民衆に対する収奪のシステムであり、仏教の堕落でもあるとして、批判的に評価されることがある［圭室《たまむろ》一九九九］。

とはいえ、話はそう単純ではない。この寺請制度が機能するためには、その大前提として、日本全国の檀家を受け入れるための、数多くの檀那寺が必要とされる。そして重要なのは、この多数の檀那寺が、寺請制度の形成に先立つかたちで建立され始めていたという事実である。その背景には、身近な死者の葬儀や供養を、信頼できる寺院・僧侶に行ってもらうことで、死者がきちんと成仏してくれることを期待する、人々の切なる願いがあった［岩田（重）二〇一〇］。

こうした事情を考慮するのであれば、民衆の仏教に対する信心と、それに応えた僧侶たちが存在したからこそ、寺請制度は可能になったのだ、とも考えられる。

いずれにせよ、この寺請（檀家）制度の導入によって、大多数の日本人が原則的に、「仏教徒」となった。これは特に葬祭儀礼を中核とした仏教の受容だが、しかし、寺請制度を一つの基盤とする江戸時代の社会において、仏教は葬儀や法事などの領域にとどまらない、より多面的な受容のされ方をしていた［末木二〇一〇］。

行政機関の一種と化していた江戸時代の寺院は、一定の公共性をそなえており、そこは教育や娯楽から、人々の精神的なケアまでを提供する、総合的な文化センターのような役割を担う場合があった。いわゆる駆け込み寺（縁切り寺）のように、困っている女性たちのシェルター的な機能を発揮することもあった。浅草寺《せんそうじ》や信州の善光寺《ぜんこうじ》などの著名な観光寺院も、寺請制度の範囲を超えた篤《あつ》い信心を集めた。

また、江戸時代における出版文化の隆盛に呼応して、学究的な僧侶たちのあいだで経典等の研究が進展し、新たな解釈が生まれ、仏教をめぐる学問が活性化していった。書物について言えば、江戸時代に出版された本のうちかなり多くの部分が、仏教関係のものであった。仏教は江戸の社会の広範な次元において、多大な力を及ぼしていたのである。

†神仏分離と廃仏毀釈

このように、仏教が国民的なレベルで受容されていた時代が、明治になると終わる。終わるというより、終わらされる。終わらせたのは、まずもって、江戸幕府が終了した後に作られる国家を、仏教ではなく神道を基軸にして構築していこうとした人々であった。さらには、西洋を模範とした近代的な国家を建設するため、公的な場面で行われる物事を、特定の宗教の存在や力によって左右されないようにしようとした人々であった。

明治の新政府は、天皇を中心とした国民統合を達成するため、その精神的な基盤としての神道を、国教化しようと試みた。幕末から盛り上がっていた尊皇《そんのう》思想や神道的ナショナリズムの勢いをうけ、国政と宗教（神道）とが一致した国家を構想したのである。

天皇や日本の尊い神々に対する祭祀が、国家の公的な行事となり、神道の教えに基づく国民教化が、一種の義務教育となる。そうした神道国教主義を推し進めていく上で、明らかに邪魔に思われたのが、歴史的に神道よりも遥かに国民の生活に浸透していた、仏教であった。

一八六八（慶応四）年三月、明治政府は、神道と仏教の関係を断絶させ、前者を独立した国教として再編成するため、神仏判然令《しんぶつはんぜんれい》（神仏分離令）を発した。それまで、神社で僧侶が働いていたり、神社の境内に仏塔が建てられていたり、本尊として仏像が置かれたりすることが、少なからず行われていた。神仏判然令は、このような「神」と「仏」が混在した状況を改め、神道の純化を達成することを目的として、当初、発せられた。

だが、この神仏分離令は、おそらくは意図せざる結果として、いわゆる廃仏毀釈《はいぶつきしやく》を導くこととなった。単に神社から仏教的な人（僧侶）やモノ（仏塔など）を排除するだけにとどまらず、神社に特に関係のない寺院や仏像までもが、廃寺や破壊の対象となっていったのである。

こうした急進的な動向の背後には、一部の神道関係者や神道に傾斜した行政官らが前々から抱いていた、仏教に対する恨みの念があった。仏教が幕府から特権を与えられ、僧侶が神職を支配することの少なくなかった江戸時代を通して、神道関係者たちのあいだでは、仏教に対する不満や鬱屈の感情が蓄積されていた。そうした負の情念が、政府の法令発布を契機として爆発した。そして遂には、廃仏毀釈の運動へと至ったのである。

そこに、寺請制度のもとで寺院から経済的に収奪されているという苛立ちを感じていた人々が加わり、一連の破壊活動が行われていった。それは、「動乱」とも評すべき激しさで進行した〔臼井二〇〇四〕。

†大教院の展開と崩壊

こうした仏教弾圧の動きに対しては、もちろん、被害を被った僧侶や仏教徒たちからの反発があった。また政府側でも、行き過ぎた破壊活動には疑問を抱き、仏教に対する暴力を抑止しようとした。

一方、仏教を排除しながら神道による国民教化をなそうとしていた神職者たちの、説教を行う能力や経験も不足していた。説教のいわばエキスパートであった僧侶たちに比べて、神道界では人に教えを説くことを得意とする人材が不足していたのである。一部の神道家や為政者たちが思い描いていた、神道の国教化という構想は、非現実的なプランでしかなかった。

さらには、幕末の開国から後、日本へと進出し始めたキリスト教の勢力が、西洋流の神の教えを日本人に知らしめようと、意欲を燃やしていた。このままでは、日本の民心が異国の神の教えになびいてしまい、天皇を中心とした国民統合どころの話ではない。ということで、政府は方針を改める。

一八七二（明治五）年三月、国民教化を推進するための官庁である教部省《きょうぶしょう》が新たに設置された。ここで、神職者と僧侶が合同で、国民教化を担う役職（教導職《きょうどうしょく》）に任命されるようになった。

この神仏合同の教化活動を進めるにあたって、仏教側が人材育成と教義研究のために構想したのが、大教院《だいきょういん》であった［小川原二〇〇四］。大教院は、廃仏毀釈の受難から仏教が立ち直るための起死回生の戦略として、仏教者たちの期待を集めた。だが、仏教にも活躍の場のある国民教化の実現を願った、仏教側の当初の思惑は、次第に裏切られていく。

教部省からの要請により、東京の増上寺《ぞうじょうじ》（浄土宗）に神殿を設置するかたちでその拠点を形成した大教院では、神官と僧侶が、合同で儀式を営むこととなった。しかも、それは仏教の形式ではなく、神道の形式で行われた。

また、政府側でも徐々に、宗教による国民教化ではなく、学校教育による国民の育成を重んじるようになっていった。そのため、大教院は資金や人材の不足に苦しんだ。肝心の教化活動も、神道と仏教とで説教の方法や内容の足並みがそろわず、混乱をきたした。

そして、神仏が混在した教化のあり方に強い疑念を抱く浄土真宗の指導的な僧侶、島地《しまじ》黙雷《もくらい》による苛烈《かれつ》な批判運動などにより、大教院は三年足らずのあいだに崩壊していった。

大教院の解体後、各宗教・宗派は、基本的にそれぞれが独自の路線で、天皇中心の国家的イデオロギーに配慮しながらの教化活動を進めていくこととなった〔安丸一九七九〕。また、政府側も、西洋の政教分離の規則にも学びつつ、国政の運営にあたって宗教に干渉することからは、次第に手を引いていった。

一八八二（明治一五）年には、神社の宗教活動に制限が設けられ、神社の神職者は国家的な祭儀という「非宗教的」な活動に専念することを義務付けられた。神道は国教という形態ではなく、国家を支える非宗教的な儀礼、あるいは道徳的な教条として、各宗教とは異なる特別な位置づけを与えられたのである。

一方、仏教の各宗派では、国政からの一定の自由を得ながらも、しかし廃仏毀釈という暴力に対する記憶も新しい、危機感と不安を払拭《ふっしょく》できない状況が続いていた。また、現状の国家に追従することが、自らの既得権益の維持につながると信じる、宗派の上層部の者たちも少なくなかった。そのため、仏教界の大勢は、おおむね、国家に対する自己の忠誠心や貢献度をアピールし続けるだけの、無批判的な立場を一貫させていった。

†寺請制度の廃止

仏教の国民生活からの撤退は、寺請制度の廃止によっても進行した。神道国教化がいまだ目指されていた一八七一（明治四）年七月、政府の指令により氏子調《うじこしらべ》の制度が開始された。これは、新生児を必ず特定の神社（おもに生まれた土地の神社）の氏子として登録するものであり、寺院に代わって神社が、人々の身分保証的な役割を担うための新しいシステムとして導入された。同制度の開始から約二カ月後、寺請制度は廃止された。

この氏子調は、制度としてはあまり有効に機能せず、わずか二年という短期間で廃止された。しかし、自分が生まれた地域の神社に対する国民の意識を高め、一方で寺請制度に基づく寺院と檀家のつながりの切断を導いた制度として、歴史的に少なからぬ意義を持ったと言えるだろう。寺院と檀家との葬祭を通したつながりである「檀家制度」自体は、その後も慣習として生き残ったとは言え、そこに公的な権力による保証は一切なくなった。

†僧侶身分の解体と肉食妻帯の「解禁」

また、寺請制度の廃止とほぼ同時期に、僧侶の身分に関する制度も抜本的に改変された。一八七二（明治五）年四月、「自今僧侶肉食妻帯蓄髪等可為勝手事《じこんそうりょにくじきさいたいちくはつとうかってたるべきこと》」として、僧侶の肉食と妻帯、および坊主頭の維持に対する規制を解除する布告が、政府によって提出された。戒律に基づき、動物や魚の肉を食せず、妻を持たず、また剃髪をして僧侶としての風体を保つという、僧侶の生活規範の基本が、国家による関心の対象外とされたのである。政府としては今後、僧侶と俗人のあいだに特別な差異は認めないという趣旨の宣言であり、これも江戸と明治の仏教を画する大きな出来事であった。

江戸時代において、僧侶は特殊な身分として位置づけられており、様々な特権が与えられていた。その一方で、戒律を破った場合には、重い罰を科せられた。社会的地位としては、僧侶は武士と平民との中間の身分に置かれていた。特に上級の僧侶の場合には、城中に参賀するなどの庶民には許されない特典が認められた。その反面、破戒とりわけ女性との性的な交わりを持った僧侶は、厳罰の刑に処せられた。

江戸時代の僧侶は、俗人と並べば明らかな特権階級だが、しかし俗人とは異なる風紀取り締まりの対象にもなるという、特異な存在として扱われていたのである。

こうした僧侶に対する特別な扱い方が、明治になるとほとんど廃止された。一八七一年四月に発布された戸籍法において、出家者と俗人の区別はなされておらず、僧侶はそれ以外の国民と同一の身分となった。そこに加えて、前述の「肉食妻帯蓄髪」を自由化する布告が出された。

かくして、国家の公式な位置づけとして、僧侶とは特別な身分ではなく、単に寺院の管理や葬儀の執行などの特殊な活動に従事しているだけの、一種の職業となったのである［森岡一九八四］。

この肉食妻帯の「解禁」という国策に対して、仏教界の反応はやや複雑であった。真宗の僧侶たちは、開祖の親鸞が妻帯僧であったこともあり、以前からすでに肉食妻帯の風習を採用していた。したがって、彼らにとっては特に大きな問題ではなかった。

一方、これに反対したのは、戒律を守ることが公式ルールなっている宗派の僧侶たちであった。たとえば、浄土宗の福田行誡《ふくだぎようかい》や真言宗の釈雲照《しやくうんしよう》らは、政府に破壊僧の取り締まりの継続を求めたり、僧侶の堕落を克服するための戒律復興を唱えたりと、肉食妻帯の容認にはあくまでも抵抗しようとした。

日蓮主義者として知られる田中智《たなかち》学《がく》は、彼らとはまた異なる見解を示した。戒律の遵守《じゆんしゆ》による出家主義ではなく、在家主義を自らの思想の基本とした智学は、仏教を信じる者は、結婚し夫婦となり家庭を持つことで、初《はじ》めて、真に社会や国家に貢献できるようになるのだと主張した。また、そうした主張に基づき、独自の仏前結婚式を提唱するなどした。

こうした肉食妻帯の是非をめぐる一連の動きや議論は、しかし、明確な立場表明をすることなく淡々と戒律を無視し家庭を築いていく大勢の僧侶たちを前に、ほとんど意味をなさなくなっていった。それに伴い、妻帯僧をめぐる議論の焦点も、僧侶が戒律を護持できるか否かという問題ではなく、僧侶の妻の権利をどう守るかということや、寺院という「家業」を続ける後継者をどう確保するかといった、僧侶の家族をめぐる問題へと、なし崩し的にシフトしていったのであった［Jaffe 2001］。

2　近代社会と真宗

†島地黙雷が導いた「宗教」

このように、神道の圧力や国政の意向や、それに逆らいきれない仏教者たちの及び腰のなか、仏教は次第に衰亡していくように思われた。少なくとも、江戸時代までのような大きな存在感を示すことは難しくなっていった。とはいえ、こうした逆境を意識しながら、近代にふさわしいかたちの仏教のあり方を、社会に向けて新たに提示していこうという意欲を見せる者もあった。島地《しまじ》黙雷《もくらい》（一八三八―一九一一）は、明治前期の仏教界における、その筆頭に挙げられるべき人物である［山口二〇一三］。

島地は、仏教が近代日本においてどうあるべきか、そのイメージを、いち早く示した仏教者であった。すなわち、仏教は、寺請制度のように行政の肩代わりを行う機関ではない。行きがかり上、たまたま担当しているだけの葬儀の執行にこだわる必要もない。個々の寺院も不要になれば淘汰されて構わない。

しかしながら、布教だけは譲れない。仏教が生きるか死ぬか、これを決定するのは、布教である。「教」を説く行為こそが、仏教の核心である。島地はそう考えた。

一方、西洋に渡り実地見聞をした島地には、西洋という文明社会は、キリスト教という宗教の教えを基盤として形成されているように思えた。そして、日本もこれから文明社会を作り上げていく上では、キリスト教と同じレベルの宗教の教えが求められると確信した。

ひるがえって、日本において正しく宗教と言えるのは、仏教だけである。「道」を説くに過ぎない神道も、「教」を称するが現世のことしか語らない儒教も、キリスト教に対抗することのできる宗教とは言えない。そこで、近代の日本人を指導しうる唯一の日本宗教としての仏教が、為政者の思惑などの政治的な文脈から自由に活躍する場が必要である。

こうした思いを抱いた島地は、明治維新を主導した長州出身の政治家たち（木戸《きど》孝允《たかよし》など）との太いパイプを活用し、また新聞・雑誌といったメディアを発刊して自説の普及に努めることで、仏教界のみならず、広く政治社会に著しい影響を及ぼした。前述のとおり、仏教が、神道という宗教ならざるものと一緒に国民教化を強制された大教院の崩壊を導き、さらには、神仏合同の意図のもと政治が宗教を監督する機関であった教部省の廃止（一八七七年）にも、大きく貢献した。

島地は、いわゆる政教分離の発想を日本にもたらした立役者の一人であった。そこには、仏教という宗教に固有の社会的な領域を確保しようとする、一人の僧侶の強い願いがあった。

このように、島地が宗教の固有性を主張するようになった背景として、彼が真宗の僧侶であったことは、決定的に重要であっただろう。

真宗では、明治以前から、「王法仏法相依《おうぼうぶっぽうそうい》」（世俗権力と仏教の相互依存）や「真俗二諦《しんぞくにたい》」（仏教と俗世の二つの真理）といった枠組みで、政治と宗教の相違や関係性について活発に議論してきた伝統があった。また、阿弥陀如来をなかば一神教的に、唯一無二の仏として仰ぐための教えが伝承されており、神と仏をあわせて信仰することに対しては、他の宗派に比べて否定的であった。

こうした真宗の伝統を背負っていた島地が、西洋に滞在中、宗教に関する現地の理解を学び、キリスト教と、それに似通ったところのある真宗をモデルにしながら、「religion＝宗教」なるものをイメージしていった。かくして、宗教ならざる神道とも、権力者が動かす政治とも異なる、宗教としての仏教を、彼は構想したのである［Krämer 2015］。

†西本願寺と日本仏教の国際化

近代社会における真宗僧侶の活躍は、しかし、島地のそれにとどまるものではまったくなかった。たとえば、日本が国際社会に組み込まれていくなか、率先して世界に目を向けた活動を推進していったのも、真宗寺院の出身者や、その関係者たちであった。

一八八七（明治二〇）年、島地が属した本願寺派（西本願寺）の専門学校である普通教校《ふつうきょうこう》の学生らにより、『反省会雑誌《はんせいかいざつし》』（後の『中央公論』）が創刊された。禁酒運動を目的とした「反省会」の機関誌であった同誌では、欧米の仏教事情を伝える通信が、付録として配布されていた。

そうした活動の延長上で、さらに、「海外宣教会《かいがいせんきょうかい》」が、同じ普通教校を拠点として結成された（一八八八年）。同会では、欧米への文書による仏教伝道が試みられ、また日本初の英字仏教雑誌『THE BIJOU OF ASIA（亜細亜之宝珠《あじあのほうじゅ》）』が刊行されるなど、きわめて先鋭的な活動が進められた［中西・吉永二〇一五］。

海外宣教会では、本格的な海外布教が実際に行われることはなく、組織自体も数年で消滅していった。だが、雑誌の発行を通して国外における仏教関連の情報を国内に紹介し、日本の仏教界に大きな影響を与えた。また、英字雑誌を世界各地に発送することで、国外の仏教者たちと積極的に交流した。それは、世界各国の仏教勢力との連帯や情報交換によって、日本仏教を改良していこうとする、若き仏教者たちによる新鮮な挑戦であった。

一方、普通教校の出身者として、実際に国外での布教・教化に努めた人物としては、今《いま》村恵猛《むらえみょう》が著名である。今村は、一八九九（明治三二）年に三三歳でハワイに赴き、その後、一九三二（昭和七）年に死去するまでのあいだ、同地での布教と、本願寺派の地盤固めに尽力した。

今村はハワイにおいて、アメリカ社会における民主主義や多元主義の理念、またアメリカを代表する哲学であるプラグマティズムの思想に多くを学んだ。他方で、キリスト教を基盤とするアメリカ社会の人々が、マイノリティである仏教徒や日系移民に対して、しばしば差別的・排外的に振る舞うという現実に対して、批判的な姿勢を強めていった。

かくして今村は、アメリカの理想や哲学を独自に吸収しつつ、そこに仏教（真宗）の理念を融合させていくことで、「アメリカ仏教」とも評しうる独創的な思想を構築した［守屋二〇〇一］。アメリカの伝統に学びつつ、だが仏教の立場から、目前のアメリカ人たちが示す排外主義的なナショナリズムと対決し、宗教や文化の多様性の意義を唱える。アメリカの風土において、近代日本では十分に発達しなかった、多文化共生的な仏教思想が花開いたのである。

†東本願寺と近代国家の企て

真宗教団において本願寺派と比肩する勢力である大谷派（東本願寺）においても、日本の近代化への応答が、早期から顕著に見られた。

明治維新後も間もなく、政府が取り組み始めた北海道開拓の事業に対して、大谷派の教団は熱心に協力し、多くの資財を投じた。これは、維新政府とのパイプの太い本願寺派に対して、後塵《こうじん》を拝していた大谷派が、新政府に対して自らの有用性を示すための絶好の機会となった。

また、本願寺派の島地らと同時期に、大谷派でも、開明的な僧侶たちが欧州視察に赴いた。現地のキリスト教の調査を行い、西洋の学問事情を探査した。この欧州視察が契機となって、その後、南条文雄《なんじょうぶんゆう》や笠原研寿《かさはらけんじゅ》といった同派の僧侶たちが、イギリスのマックス・ミュラーのもとで近代的な仏教研究の手法を学ぶようになり、彼らがこの新しい仏教学を日本にも輸入した［林二〇一五］。さらに、大谷派では明治初期のかなり早い時期に中国布教を開始しており、次いで朝鮮布教にも乗り出していった。

こうした国外への一連の進出活動は、当事者である僧侶たちの意図はどうであれ、当時の国策と密接に連動したものであった。すなわち、現地視察のため西洋に渡航した仏教者らには、政府が国内でのキリスト教対策を進める際に役立つ、キリスト教のいわば本拠地での情報収集が求められた。また、アジアの近隣諸国への布教にしても、そこで僧侶に期待されていたのは、日本国にとって地政学的に重要な地域の現状調査であったり、その地域に親日派の要人を増やしていくことであったりした〔中西二〇一三〕。

このような政治的な背景があったとは言え、本願寺派からのみならず大谷派からも、近代社会の進展と併走する真宗僧侶たちが次々と登場し、活躍の場を広げていったことは確かであろう。

†真宗の優位性の理由

なぜ、真宗だったのか。単に東西本願寺に属する寺院や僧侶の数が、他の宗派のそれらに比べて多く、人材にも資金にも恵まれていたというような、身も蓋もない説明も十分に可能ではある。だが、もう少し質的な話をしてみよう。

一つの要因として、真宗僧侶たちの幕末からの意識の高さがあるだろう。近代の準備期間とも言える幕末の時代において、真宗僧侶たちのあいだでは、新たな護法《ごほう》思想（仏教の守護・発展を願う思想）が盛り上がっていた。これは、同時代の神道者や儒学者からの仏教に対する激しい批判や、キリスト教の日本への浸透の予感によって、真宗の特に学僧たちのあいだで危機意識が高まっていたことを受けた動向であった。

そこで彼らは、自分たちが馴染んだ仏教のみならず、儒学やキリスト教のような「他者」についても、幅広く学ぶようになった。「他者」についてよく学ぶことで、逆に「自己」の問題や可能性を再発見していった。そして、こうした知の拡張や自他認識の進化が、明治以降の時代の急速な変化に即応しうる、優れた僧侶たちの育成につながったのである［岩田（真）二〇一二］。

だが、真宗の近代社会への適応という点では、おそらくはより大きな理由として、真宗の在家主義の伝統というものがあったと思われる。先述したこととの繰り返しになるが、明治政府による肉食妻帯の「解禁」という事態に対し、真宗は他宗派とは異なり、まったく動揺する必要がなかった。すでにそれ以前より、僧侶もまたその信徒たちと同じく、戒律に関係なく家庭を作り、俗人に近いかたちの生活を送っていたからである。

他宗派の僧侶らが、本来守るべき戒律を必ずしも守れず、その大勢が宗祖の生き方からは乖離《かいり》していったのに対し、妻帯僧である親鸞を仰ぐ真宗では、僧侶が自信を持って世の中に向き合えた。また、もともと一般人との距離が小さかったことから、僧侶という「身分」が解体した後の近代においても、比較的スムーズに社会に適応することができた。日本の仏教界における真宗のこうした優位性は、疑いえないだろう。

†日蓮主義と政教一致の構想

とはいえ、もちろん、真宗のみが近代社会を席巻したわけではない。近代日本を特徴づける仏教として、ほかにもたとえば、日蓮主義が注目される。

日蓮主義は、国柱会《こくちゅうかい》の田中智学と顕本法華宗《けんぽんほっけしゅう》の本多日生《ほんだにっしょう》が中心となり展開された、日蓮と『法華経』の教えを柱とする、在家仏教の思想と運動である。明治期から大正、昭和前期にかけて隆盛し、多くの追随者を生んだ［大谷二〇〇一］。

特に「日蓮主義」の命名者である、智学の存在が大きかった。軍人の石原莞爾《いしはらかんじ》や、詩人で童話作家の宮沢賢治、血盟団《けつめいだん》事件を起こしたテロリストの井上日召《いのうえにっしょう》など、近代日本のかなりの有名人たちが、その影響下にあった。

智学は、日本をはじめとする世界中の人々が、『法華経』に説かれる仏の教えに帰依することを渇望した。そして、日蓮仏教によって統合された国民による、明確な政教一致の国家構想を唱えた。また、「万世一系の皇統」に連なる天皇を、日蓮仏教を奉じる日本国民の中核に据え、神道主義者たちとはまた異質な独特の天皇崇敬論を説いた。

こうした智学による日蓮主義のビジョンは、宗教と政治の分断を試み、それに一定程度は成功した真宗の島地黙雷らによる思想や運動とは、完全に逆行するものであった。もっと言えば、曲がりなりにも政教分離を実現した日本の近代国家の方針と、真っ向から対立するものであった。それゆえ、日蓮主義は少なからぬ支持者を集め、一種の社会運動になりこそすれ、近代社会に広く定着する仏教思想には決してなりえなかった。

しかしながら、近代の仏教がおおよそ政治から撤退して「宗教」に閉じこもる傾向を強めるなか、国家や社会といった公的な領域との関係を常に問い続けた日蓮主義は、近代社会において「日本仏教の社会倫理」のあり方を模索した、非常に意義深い運動であった［島薗二〇一三］。実際、この日蓮主義から間接的な影響を受けた創価学会などが、戦後社会において宗教と政治とのつながりを絶えず問い直していくのであり［塚田二〇一五］、それは広い社会には定着せずとも、近現代の持続的な仏教思想としてあった。

†「宗教」に生まれ変わる仏教

以上に見てきたように、明治の仏教は、廃仏毀釈の衝撃や近代の国家体制の構築を目の当たりにして、自己の存在を再定義しようと試み、様々な取り組みを開始していった。とりわけ真宗の関係者らを中心にして、特にその「宗教」としての固有性を際立たせていくこととなった。

もちろん、寺請制度が廃止され、仏教の社会的な影響力が減退していった明治以降も、日本の寺院や僧侶には、狭義の宗教には収まりきらない、多様な役割があり続けた。たとえば、「教」という点で宗教と共通する、「教育」との密接な関係があった。すなわち、明治も前期の頃までには、校舎の不足から寺院が学校教育の場として使われたり、僧侶が教員を兼任したりするなど、仏教は、当時はまだ発展途上にあった近代的な教育制度の形成を後押しするのに役立った［谷川二〇〇八］。

あるいはまた、日本の仏教が、慣習としての檀家制度の持続によって、葬儀や供養を介した国民との関係を維持してきたことも、周知のとおりであろう。死者や先祖を媒介とした儀礼的なつながりは、仏教を近現代の社会につなぎ止める上でも、不可欠であり続けた。

とはいえ、学校教育は、やがて制度的に安定してくるのに従い仏教によるサポートを必要としなくなり、学校という場では、宗教からは基本的に独立した国民の育成が実施されるようになっていった。

もちろん、各宗派が設立した仏教系学校などの教育機関においては、江戸時代の僧侶養成所（檀林《だんりん》・学林《がくりん》）を継承するかたちで、僧侶に対する宗教教育が引き続き行われた。しかし、それはあくまでも仏教の専門家の養成であり、一般の子弟は関心の対象外であった。しかもそこでは、語学や歴史学といった他の一般的な科目と並ぶ「学問」として仏教が学ばれるようになり、身体的な修行を通した信仰心の育成からは遠のいていった［江島二〇一四］。

一方、葬儀や供養のような日本仏教の重要な役割にしても、仏教者による自覚的な実践と言うよりは、社会的な慣習としての側面がすでにあまりにも強くなり過ぎていた。ゆえに、それらを近代社会において仏教が誇るべき営為として捉え返すのはやや難しく、仏教の再興のための活動としては、前面に押し出すのが困難であった。仏教による死者に対する儀礼の再評価が進むまでには、国民から多数の戦死者が出るようになる、日清・日露戦争の時代を待たねばならなかった［白川二〇一五］。

そこで、布教・教化を本分とする宗教としての仏教という自己規定が、島地黙雷のような指導的な仏教者たちによって唱えられていくのである。これは、仏の教えとしての仏教ということで、ある意味では、余計な要素を排した本来の仏教のあり方に回帰したのだと考えることもできる。

ただし、そこで求められたのは、出家者や衆生を悟りや救いに導くための教えではなく、近代国家に生きる国民を感化していくための教えであった。そういった意味では、それは日本の仏教にとって、まったく新しい挑戦でもあった。

江戸時代の寺請（檀家）制度に基づく、地域住民の管理や葬祭を中心とした仏教から、国民への布教・教化を至上の課題とする、近代の仏教へ〔林二〇〇九〕。こうした転換が成功するか否かに、日本仏教の未来が賭けられた。

だが、そのような抜本的な転換を目指した日本の仏教が、西洋文明を背景とした強大なライバル宗教であるキリスト教や、その他の西洋思想や科学と対決しながら生き残っていくためには、仏の教えをそのまま人々に対して説いていくだけでは、不十分であるように思われた。

仏教は、単に宗教であるだけでは、今後、勝てないのではないか。そのような危機感から、仏教を哲学として見直していく人々が登場してくる。

3 仏教と哲学の出会い

†西洋哲学の輸入の開始

日本における西洋哲学の受容は、江戸時代の末頃から明治の初期にかけて、本格的に開始されていった。ここでは、その仏教との関係を考える上で重要と思えるポイントのみ、簡単に述べておきたい。あわせて、仏教を哲学として理解した先駆的な人物である、原坦山《はらたんざん》についても、少し詳しく触れておこう。

西洋哲学が日本に輸入される初期の段階は、同時に、近代的な啓蒙思想が求められた時期でもあり、この両者は不即不離の関係にあった［麻生一九四二］。西周《にしあまね》や津田真道《つだまみち》や加藤弘之《かとうひろゆき》など、哲学を日本に持ち込んだ最初期の人々は、いずれも、アメリカ帰りの森有礼《もりありのり》が一八七三（明治六）年に組織した啓蒙的な学術団体である明六社《めいろくしゃ》の、主要メンバーであった。

彼らは、哲学を一つの学問として研究するだけでなく、それを、旧来の封建体制を打破し、合理的な近代国家を立ち上げるための理論としても受け止めていた。哲学はそれが輸入された当初、ある種の社会改良的な思想としても捉えられていたのである。

彼らが主として吸収していった哲学は、J・S・ミルやオーギュスト・コントなど、一九世紀のイギリスやフランスで流行していた、功利主義や実証主義のそれであった。

功利主義の哲学は、多数者の幸福の実現をはかる思想として、権益の不等な配分を是とする江戸時代の身分制度を、否定しうる力を持っていた。また、経験的な事実や実際的な根拠を重んじる実証主義の精神には、封建的な秩序を支える観念的なイデオロギーを無化しうる可能性が認められた。

一方、後に近代日本で学ばれる西洋哲学の一つの主流となっていく、ドイツの観念論の哲学は、この時代にはまだ、あまり重視されてはいなかった。その代表格であるカントにしても、詳しい検討がなされることはなく、自由主義や民権主義を説く哲学者の一人として、浅薄な理解がなされる程度であった。

こうした状況が、明治一〇年代を通して変化していく。ドイツ観念論の哲学が、明治の新しい高等教育機関である大学を中心にして、熱心に議論されるようになっていくのである。

そのような流れを導いた人物として、アーネスト・フェノロサというお雇い外国人の存在は、とても大きかった。一八七八(明治一一)年、弱冠二五歳で東京大学に赴任したフェノロサは、一八八六(明治一九)年までの八年間、同大学で政治学、理財学(経済学)、そして哲学史を教え、多くの学生を指導した。

そこで彼が講義した哲学は、デカルトから始まり、カント、フィヒテ、シェリング、ヘーゲルと、ドイツ観念論の系譜が中心であった。特に、ヘーゲルの哲学を、ハーバート・スペンサーによる進化論の哲学と比較しながら、両者をともに高く評価していたようである。

このようなフェノロサの哲学論は、彼の教えを受けた学生である、井上円了《いのうええんりょう》や清沢満之《きよざわまんし》や三宅雪嶺《みやけせつれい》などを少なからず感化した。そして大学を卒業した後の彼らが、ドイツの観念論を重んじる哲学研究者、ないしは思想家として活躍していくことになるのである［藤田二〇〇八］。

†儒教から仏教へ

こうした、明治期の哲学をめぐるトレンドの推移については、それを受け入れる当事者たちの思想的背景の変遷という観点から考えた場合、儒教から仏教への移行、として捉えることが可能である［小坂二〇一三］。

すなわち、幕末から明治初期にかけて西洋哲学の輸入にいそしんだ人々は、儒教的伝統の強い影響下にあり、個々の概念や用語の翻訳・紹介に際しても、儒教的な観念や言葉に頼ることが多かった。たとえば、philosophy の訳語として「哲学」という言葉そのものを造語した西周は、二五歳のときまで儒学の修練を積んでおり、西洋哲学に関心を抱くようになったのは、三〇歳を過ぎてからのことであった。

彼は哲学を、「西洋の儒学」と規定し、その目的は、「道」あるいは「道理」を明らかにすることにあるとした。ここで「道」とは、一般に人間が遵守すべき規範であると同時に、宇宙万物の法則であるものを指していた。こうした、人生の理と世界の理を同時に求める姿勢は、儒教、とりわけ朱子学《しゅしがく》の発想そのものであった。

他方、明治二〇年代頃から台頭してくる、観念論を主要なバックボーンとする哲学者や思想家たちは、その多くが、仏教との密なつながりを持っていた。後の章で詳しく見ていくように、井上円了や清沢満之は真宗の寺院関係者であり、仏教の教養なしに彼らの思想構築はありえなかった。また、彼らに後続するかたちで独自の哲学を創造した西田幾多郎《にしだきたろう》にしても、寺院での参禅の体験などから、自らのオリジナルな哲学の形成のためのヒントを得ていた。

儒教の思想は、社会的な道徳の改善や政治的な教導を得意としており、明治の国家形成にも貢献しうる実践性をそなえていた。その反面、仏教の思想のような、自己と世界に対する理論的な深みが不足していた。それゆえ、哲学の主流が英仏流の功利主義や実証主義からドイツ流の観念論へと移り変わっていくのに伴い、そのおもな受け皿となる日本の伝統思想もまた、儒教から仏教へとバトンタッチしていったというわけである。

†東大で初めて仏教を講じた原坦山

一八七九（明治一二）年、東京大学文学部において、初めて仏教が講義されるようになる。はじめ「仏書《ぶっしょ》講義」、三年後に「印度《いんど》哲学」の名のもとに開講されたその授業の講師を、一〇年間にわたり担当したのが、原坦山《はらたんざん》（一八一九―九二）という名の禅僧であった。

この原坦山という人物は、なかなか変則的な経歴を持つ学者であった。青年時代には、江戸幕府の最高学府である昌平坂学問所《しょうへいざかがくもんじょ》で儒学を学び、また漢方医術も学習した。さらに後には、解剖学や神経生理学などの西洋医学も修得しており、この儒学と医学とが、彼の思想的な基盤としては大きかった。

ところが一方、儒者としてのトレーニングを積んでいる最中、彼は、江戸の寺院の僧侶とのあいだで、儒教と仏教の優劣をめぐり論争をして敗北した。その際、論争に負けたほうが相手に弟子入りする、という事前の約束をしていたため、彼は律儀にその約束を守り、仏教を学ぶために曹洞宗の僧侶となった。

仏教についての研鑽《けんさん》を深めていた坦山は、明治維新の後、教部省の官吏《かんり》となるが、トラブルを起こして職を辞し、曹洞宗からもいったんは退いている。一時は、場末の占い師などをしながら貧しい暮らしを送っていたらしい。そうした苦境にあった彼に対して、当時、東京大学文科大学総理（総長）であった加藤弘之が、東大で仏教を講じてくれるよう要請し、坦山はこれに応じた。

かくして、維新以来の廃仏毀釈などにより大打撃を被っていた仏教が、日本の最高学府において学ばれる科目になった。これは、仏教界全体にとっても歓迎されるべき事態であった。

坦山の仏教思想は、医学を応用したかなり特異なものであった。西洋医学の知識に基づき、「心」と呼ばれる働きは「頭頂（脳）」に帰着すると認識した彼は、こうした「心」についての理解と、仏教の教義とをすり合わせていった。

坦山いわく、仏教でいう「悟り」とは、脳と脳に集中する神経系統の働きが、何にも邪魔されることなくクリアに働いている状態であった。そうした状態においてこそ、人間は自己の本性であるところの「仏性《ぶっしょう》」を自分の「心」の内に見出すことができる、とされた。対して、「煩悩《ぼんのう》」とは、欲望を発動させる体液が腰部から流れ出し、脊髄《せきずい》を通って腹部や胸部に集まってくる状態のことであった。その「煩悩」が、さらに脳の働きを阻害することで、人間は妄念にとらわれ、苦悩に苛《さいな》まれるのであった。

坦山によれば、仏教の目的は「離苦得楽《りくとくらく》」にほかならないが、それを達成するために必要なのは、あくまでも「智」であった。キリスト教のように、絶対者である神への信仰に頼ることではなかった。坦山にとって、仏教はあくまでも理性的な学知であり、それは「心性哲学《しんせいてつがく》」なのであった。

東大で「印度哲学」を講義していた坦山は、このように、仏教を「宗教」ではなく「哲学」として理解した。そしてその思想を、彼の講義に出席した人々、たとえば井上円了や清沢満之らに伝えていったのであった［渡部一九九八］。

†哲学としての仏教の起源

坦山が「哲学としての仏教」を語るに至った背景としては、いくつかの重要な点がある。まず、彼の東京大学での講義が、内容的には仏教に限られた講義であったのにもかかわらず、「印度哲学」という名称で行われていたということである。この「印度哲学」というくくり、あるいは呼称それ自体が、仏教を「宗教」ではなく「哲学」として定義していたのである。

なぜ、そうした名称が付されたのかの理由については、はっきりとはわかっていない。仮説として、たとえば、国立大学における講義ゆえの政教分離への配慮や、あるいは坦山に仏教講義を依頼した加藤弘之が、宗教に対しては冷淡であり、仏教を哲学的な知として評価していたから、などといった指摘がなされている。

いずれにせよ、日本の教育制度の最高峰にあった東京大学で、仏教が「哲学」として議論されるようになったことは、「哲学としての仏教」という発想が社会に広まっていく上で、決定的な影響を持ちえただろう［戸田・ディラン二〇一四］。

また、坦山は、神智学《しんちがく》協会（神秘思想の団体）の会長を務めていたアメリカ人で、スリランカを中心とする仏教復興運動の担い手となっていた人物である、H・S・オルコットからも影響を受けていた。

オルコットは、仏教は「religion＝宗教」ではなく、「moral philosophy＝道徳哲学」と称するべき、と主張していた。坦山はその主張に賛意を示しながら、仏教を「宗教」ではなく「哲学」の一種として捉えたのである。

ただし、オルコットが宗教の道徳性を重んじ、仏教者とは仏教の戒律を守る者である、と規定していたのに対し、坦山は、戒律主義を限定的に捉えていた。それゆえ、「道義」の探究ではなく、「心」の真相へと人を導くための「心」の哲学として、仏教を独自に再構成したのであった［クラウタウ二〇一二］。

†明治一〇年代の東京大学

以上のように、明治一〇年代の東京大学においては、一方に、ヘーゲルをはじめとするドイツの観念論哲学を、スペンサーの進化論とも関連させながら講じていたフェノロサがおり、また一方に、仏教を哲学として解説していた原坦山がいた。

そして、この双方の講義を受けていた、井上円了や清沢満之が、明治二〇年頃から、彼らの先生たちの研究や議論に多くを学びつつも、先生たちとは多かれ少なかれ異質な哲学としての仏教を、世の中に向けて提示していくこととなるのである。

このうち、まず次章では、フェノロサや原坦山の影響下で、仏教の哲学化を日本で初めて体系的に遂行した、円了の思想とその意義を明らかにする。次いで第二章において、円了の思想の延長上で思索を行いながらも、それをさらに前進させて、きわめて独創性の高い近代の仏教思想を開拓していった、清沢満之について論じよう。

第一章
仏教の哲学化——井上円了

井上円了(1858-1919)

1　哲学による国民啓蒙

†明治のエリート仏教者

井上円了《いのうええんりょう》（一八五八―一九一九）は、寺に生まれ、寺に育ち、寺から離れた。哲学を学んだことで、一時は仏教を軽んじたが、少し考え直して、仏教をまた尊重し、仏教思想家となった。国民に広く哲学を教えるための学校を作り、教育活動に尽力したが、この事業には途中で見切りをつけた。最後に彼は、国民の知性と道徳心を向上させるための旅に出た。そして、その旅の途中で死亡した。こうした円了の動的な生涯を、まずは簡単に振り返っておこう［三浦二〇一六、菊地二〇一三］。

一八五八（安政五）年、円了は長岡藩西組浦村（現在の新潟県長岡市浦）の慈光寺《じこうじ》に、長男として生まれた。春の彼岸の頃に生まれたので、幼名は「岸丸」と名付けられた。慈光寺は、真宗大谷派の寺院であった。彼は、この寺の跡継ぎとして、この世に生まれ、育てられた。幼い頃から、宗祖である親鸞の言葉を学び、経文の読み方を教わり、僧侶としての作法をしこまれた。宗派の伝統的な教育を受けたのである。

一三歳のときに得度し、その際に法名《ほうみょう》（浄土真宗の戒名《かいみょう》）として彼に与えられたのが、「円了」という名前であった。

けっきょくのところ、円了はこの寺院を継ぐことはなく、次男の弟が住職となった。しかし、幼少期におけるこの寺院での生活と教育が、彼の仏教者としての自覚を後年に至るまで支えたことは疑いない。

一〇歳のときに明治維新（一八六八年）を迎えた円了は、この年から、石黒忠悳《いしぐろただのり》による私塾で学び始めた。石黒は、元武士であったが、蘭学者として著名だった佐久間象山《さくましょうざん》に学び、江戸で西洋医となった青年であった（後年、陸軍軍医総監・日本赤十字社社長となる）。円了はこの石黒から、漢学や算数の初歩を教わった。と同時に、その「（西）洋風」の出で立ちに感銘を受けた。その後、藩の儒学者から漢学を習い、次いで長岡洋学校を改名した新潟学校第一分校などで、英語を学んだ。

一八七七（明治一〇）年、真宗大谷派が教団の未来を担う人材育成のために開始していた英才教育の対象として円了が選ばれ、彼は京都に移った。さらにその翌年、またもや教団の指令により、今度は東京への留学を命じられた。そこで、前年に開設されたばかりの日本初の大学である東京大学の予備門を受験し、合格した。さらに予備門での厳しい競争を勝ち抜き、一八八一（明治一四）年には文学部哲学科に進学した。

同年の東大進学者は計四八名であり、哲学科の入学生は彼のみであった。円了は、教団の期待を一身に背負いながら、エリート・コースをまっしぐらに突き進んでいったわけである。

†真理の「発見」と仏教の再発見

東大時代の円了は、序章で述べたとおりの哲学や仏教はもちろんのこと、心理学や社会学や英文学なども学んだ。西洋の学問を、貪欲に吸収したのである。また、哲学書を中心にして読書と思索を重ね、その結果、真理の「発見」に至った。

それまでの学問を通して彼が求めていた真理は、仏教にも儒教にもなく、ましてやキリスト教には全然なく、西洋の哲学にこそあった。こうした「発見」に導かれて、彼は一八八四（明治一七）年、哲学の研究の大先輩にあたる西周《にしあまね》や加藤弘之や、同じ大学の先輩である三宅雪嶺などからの同意を得て、日本で最初の「哲学会」を結成した。また三年後には、学会誌である『哲学会雑誌』（後に『哲学雑誌』と改題）を創刊している。

哲学についての研鑽を深めながら、その魅力にとらわれていった円了は、他方でしかし、仏教に対しても再評価の意を強めていった。真理の学問であると彼が信じた西洋哲学を規準にして、旧来の宗教や学問を見直していったところ、仏教だけが哲学の示す真理とも遜《そん》色《しょく》のない哲理を含むことに、改めて気づいたのである。

西洋で数千年来、探究がなされてきた真理は、それよりも早くすでに東洋で、三〇〇〇年前もの古代にあった。自分も幼少の頃にその真理に触れながら、学識の不足ゆえそれに気づくことができなかった。

しかし今、真理としての仏教を再発見した。これからは、この仏教をさらに改良して、文明世界の宗教としていかなくてはならない。円了は、そのように固く決意した。一八八五（明治一八）年のことであったという。

†著述と学校経営による啓蒙活動

東大を首席で卒業後、恩師の石黒忠悳が文部省への就職の斡旋《あっせん》を行ってくれたが、円了はこれを固辞した。真宗大谷派の援助により進学できたので、官界ではなく、宗教と教育に関わる仕事に就きたいとの理由からであった。

一方で、彼は教団や寺院に復帰することもよしとせず、著述活動と学校経営に乗り出していった。哲学の理論書である『哲学一夕話』（一八八六年）、キリスト教批判の書である『真理《しんり》金針《きんしん》』（一八八六―八七年）、仏教再生の書である『仏教活論序論』（一八八七年）など、数多くの書物を矢継ぎ早に出版していった。

このうち特に『真理金針』と『仏教活論序論』は、西洋のキリスト教に対する日本の仏教の優位を高らかに宣言した快著として、当時の大ベストセラーとなった。

また、一八八七（明治二〇）年に、私立の学校として哲学館を創設し、年齢や貧富や能力の差を問わず、誰もが哲学を中心とした教育を受けることのできる場を作り上げていった。そこでは、講義録に基づく通信教育も先駆的な試みとして行われており、哲学館の学生が全国に広がっていった。

こうした出版や教育活動とも連動させながら、円了がまた別個に取り組んでいた学問的な実践が、「妖怪学」であった。円了は、妖怪に関する伝承に見られるような、人々が見聞きし体験したという怪奇現象は、そのほとんどが、迷信の産物であると看破した。そして、そうした迷信を撲滅し、人々が妖怪への不合理な恐怖や興味を抱かないようになることを願った。そのようにして、国民の多くが常に理性的に振る舞うことができるよう、彼らを導いていくことは、哲学の大事な役目の一つであると円了は考えた。

そこで彼は、全国に散らばっている妖怪に関する伝承を精力的に調査・収集し、なぜそうした怪奇現象を人が信じてしまうのかを、哲学や心理学を応用しながら明らかにしていった。

その研究成果は、やがて『妖怪学講義』として全六冊、総計二千六百ページの大著にまとめられた。同書は、国民の啓蒙に寄与する名著として、社会的に高い評価を獲得し、宮内大臣から明治天皇に奉呈されるなどした。

†哲学館事件の衝撃

一九〇二（明治三五）年、哲学館の経営を揺るがす大きな事件が起きる。哲学館が、「不敬」の嫌疑により中等教員無試験検定校の認可を取り消された、いわゆる「哲学館事件」である。

当時、卒業生に対する教員資格の無試験での付与を文部省から認可されていたのは、基本的に国立の学校のみであり、私学では、哲学館をはじめ少数の学校に限られていた。ところが、哲学館において実施された卒業試験において、ある学生の答案に「弑逆《しいぎゃく》（臣下や子などが君主や親を殺すこと）」の文字があったことから、文部省の監督者がこれを「危険思想」と問題視。取り締まりとして、哲学館から無試験検定校の認可が剥奪されることとなったのである。メディアはこの事件のことを連日報道し、文部省への批判的な意見が相次いだ。だが、認可の取り消しは覆《くつがえ》らなかった。

一方、翌年（一九〇三年）には専門学校令が発せられ、私立学校の存続のためには文部大臣の認可が必要とされるようになった。哲学館はこれに応じるかたちで、私立大学へと昇格する道を選び、「哲学館大学」（後の東洋大学）と改称。円了が初代の学長に就任した。

だが、事件の後遺症は大きく、無試験検定校の資格の再認可を求めるか否かで、大学内での対立が生じた。そうした学内の軋轢《あつれき》を深刻に受け止め過ぎたせいか、円了は神経を病んでしまい、激しい苦悶のなかダウンしかけた。そのため、一九〇五（明治三八）年一二月のある夜、大学からの引退を決意。翌年早々、学長職を辞して、在野での活動に専念することとなった。

†円了の世界旅行

哲学館の創設直後から大学引退後の明治末年までに、円了は三回にわたる世界旅行を行っている。第一回目は、一八八八（明治二一）年六月からの約一年間、東回りのコースで、アメリカ、イギリス、フランス、ドイツ、オーストリア、イタリアを視察した。

第二回目は、一九〇二（明治三五）年一一月から翌年七月まで、西回りのコースであった。インド、スコットランド、アイルランド、オランダ、ベルギー、ドイツ、スイス、ロシアなどを回った。

第三回目は、一九一一（明治四四）年四月から翌年一月まで、オーストラリア、アフリカの一部、西洋諸国、南米諸国、中南米のメキシコ、それに南極と北極を望む最先端の岬などを周遊した。

この全三回の世界旅行によって、円了は、五大陸と二つの極点を経験し、念願であった世界周遊の夢を実現した。

†修身教会運動と全国講演の旅

大学引退後の円了が本格的に推進したのが、修身教会運動であった。これは一種の社会教育活動であり、欧米の教会で実施されている日曜学校などを念頭に置きながら、草の根のレベルで、国民の徳育や啓蒙を行うことを目的として出発した。

その実現のために、円了は一九〇六（明治三九）年から一九一九（大正八）年に死去するまでのあいだ、ひたすら全国を講演して回った。彼は、それ以前にも哲学館の資金募集などのために全国巡講を行っていたが、これほど長期にわたる試みは、はじめてであった。

講演の内容は、『教育勅語《ちょくご》』に基づく道徳的な話を中心にしながら、妖怪・迷信に関する批判的な説明や、哲学や宗教の解説もそこに加わった。

この修身教会運動の拠点的な施設として位置づけられていたのが、「哲学堂」であった。一九〇四（明治三七）年四月に建設されたその堂には、釈迦、孔子、ソクラテス、カントの「四聖」が祀られ、定期的に「哲学祭」が開かれたりした。そこは、円了の哲学への傾倒ぶりを象徴するような場所となっていた。

円了はこの堂を、国民の精神修養に役立つ公園として拡張していった。「唯物園《ゆいぶつえん》」、「唯《ゆい》心庭《しんてい》」、「絶対城《ぜったいじょう》」（図書館）など、哲学の用語にちなんだ空間や建物を設置した。この公園はやがて一般に公開され、現在は東京都中野区立「哲学堂公園」となっている。

円了が修身教会運動のために全国を回った日数は、一四年間で二六二一日までに達した。その巡講の旅は、日本列島の内側にとどまらず、中国、台湾、朝鮮にも及んだ。

一九一九年五月五日、彼は中国に旅立った。各地をめぐり、大連に達したのが同年六月五日であり、そこでの講演を最後に、翌六日、彼は同地で息を引き取った。享年、六一歳。哲学、仏教、国民道徳の研鑽と普及と定着に、ひたすら努めた人生であった。

2 護国愛理と活仏教

†真理・愛国・仏教

人間は真理を求める生き物である。人間はまた、自らの生まれた国を愛する生き物である。こうした「護国愛理《ごこくあいり》」の思想は、円了の生涯を通して、おおよそ一貫して変わらぬ大前提をなした。この大前提のもとに、彼の仏教思想が展開される。

すなわち、仏教は、真理を最大限に表現した宗教である。仏教はまた、日本という国家を支える上で最もふさわしい宗教である。そうした「護国愛理」の宗教であるところの仏教を、明治という新しい時代において、ますます活性化させていかなくてはならない。こうした発想から、円了の仏教思想における代表的なキーワードである、「活仏教《かつぶつきょう》」という言葉が導かれる。

このような、真理への意志と国家への傾倒と仏教への自信がない交ぜになった彼の思想が、はじめて世の中に広く受け入れられたのが、その著書『真理金針』(初編、続編、続々編)の、明治二〇年前後における大評判という事態であった。同書は、キリスト教批判を主要な目的としながら、彼の真理観や仏教に対する考えを述べた本である。

自信に満ちあふれた語り手による、きわめて歯切れのよいこの著作は、キリスト教に対する有効な批判の弁論を待望していた当時の仏教者たちを中心に、よく読まれ、熱心に支持された。西洋から日本に進出してきたキリスト教に、仏教が対抗し、自らの優位性を誇示していくための理論書として、この三編にわたる書物は受容されたのである。

さらに、『真理金針』の出版から間もなく刊行され、これまた仏教者を中心にして熱狂的に受け入れられたのが、『仏教活論序論』であった。同書は、『真理金針』での論旨をかなり踏襲しつつ、さらに仏教を同時代に再生するためのプログラムを示したものであった。この本は、当時の先進的な仏教者であれば、誰もが必ず読んでいたとされるほどの人気があった。

また、この『序論』の主張を発展させ、より詳しい記述を行った『仏教活論本論』（第一編：破邪活論、第二編：顕正活論）も、その後に若干のあいだを置き出版された。この『序論』と『本論』とは、明治の仏教思想家としての円了の、主著であると言ってよい。

以下では、これら『真理金針』［井上一九八七a］と『仏教活論序論』［井上一九八七b］、『仏教活論本論』［井上一九九〇］に基づき、明治中期における円了の仏教思想の内実を見ていきたい。

†非論理的なキリスト教の批判

『真理金針』において円了は、まず、キリスト教が『聖書』などを典拠にして語っている非論理的・非科学的な物語や説明を、具体的な例を挙げながら細かに批判していった。たとえば、キリスト教においては神（天帝《てんてい》）が世界の万物を創造したと言われているが、このような説は断じて成り立たないと彼は論じる。

いわく、どこからともなく出現し、万物を創造したとするキリスト教の神は、「大工」のようなものである。それは、世界という「家」を作った「大工神」である。世界の万物は、その神によって作られたものであるから、万物それ自体は、神では決してない。万物の外に神という創造主を立てるキリスト教は、したがって、「大工教」と評して差し支えない。

しかるに、万物を作るための材料を、神はどこから調達してきたのだろうか。キリスト教では、これも神より以前には存在しておらず、あたかも神から生じてきたと説いているかのようである。そうであれば、万物は同時に神であると考えねばならず、この地上の山も川も草も木も、すべては神でできていると言わざるをえない。

だが、こうした説明を許容した場合、万物の外に存在する「大工神」としてのキリスト教の神、という先に述べた理解とは、矛盾が生じてくる。大工は家を作るのであって、その家は大工ではない。万物は神が創造したものであって、万物は神ではないのではあるまいか。

果たして、世界の万物を創造したのが神なのか、あるいは、世界の万物こそが神なのか。キリスト教の創造論は、このどちらとも取れる。しかし、どちらとも取るのでは、論理的に矛盾する。円了は、そうした矛盾を抱えたキリスト教の非論理性をあげつらう。

それに対して、仏教ではどうか。華厳《けごん》や天台《てんだい》における、「真如縁起《しんにょえんぎ》」の説で考えてみよう。それらの説では、世界のすべてに通じる真理の法則として、「真如」があるとする。そして、この世界に現れている物体は、すべてこの真如が様々にかたちを変えて現れた姿であるとする。

人間はもちろんのこと、鳥も獣も草も木も、地上の土も山も川も、この真如の現れではない物体など、この世界には何一つとして存在しない。また、この真如の現れであるところの物体から、また別の物体が同じ真如の現れとして生じてくる。これが、真如縁起の説である。

こうした真理を説いている仏教では、キリスト教がしているような、物体でないはずの神から物体が生じてくるとする誤った説明を、決して採用してはいないのである。

†仏教と科学の親和性

あるいは、人間の感覚という実験可能な事象に基づき、キリスト教の述べるところを考えてみよう。

キリスト教の神は、人間の感覚を超えた何者かであるとされている。だが、これも怪しい。人間が神の存在を信じ、神による天地創造を想い、神の子とされるイエスの奇跡を見聞することができたのは、人間の感覚があったからである。現に、感覚の十分に発達していない動物は、こうした信念や想像や心理を経験することがない。

このように、人間の感覚があるからこそ、キリスト教は成り立つ。そういった意味では、キリスト教も科学も共通の基盤を有している。ただし、前者が一時代の不確実な感覚の経験に基づくのに対し、後者は何世代にもわたり確かな実験を繰り返してきた。どちらがより信頼できるかは、明らかであろう。

いずれにせよ、感覚を離れてキリスト教はないが、キリスト級を離れても感覚はある。感覚が消滅すればキリスト教もまた消滅するが、キリスト教が消滅しても感覚は残る。キリスト教は人間の感覚のなかの一現象なのであり、要するに、感覚があるからこそ、キリスト教も神も存在する。神に対する想像は、まったくのところ、人間の感覚内の一つの波動であるに過ぎないのである。

一方、キリスト教として感覚されてきた事象はすべて、人間の意識のなかの出来事である。この世界に存在するものは、すべて意識の内にある。人間の目には見えないもの、あるいは耳では聞こえないものといった、いわゆる不可知的なものもまた、「不可知」として意識された現象であると言える。

こういう考え方は唯心論《ゆいしんろん》とされるが、仏教の唯識《ゆいしき》の思想は、この唯心論に相当する。また、この唯識の理論をさらに根底で支えているのも、意識とその内に存在する事物をともに生じさせる源である、仏教が説く真如である。

先に述べたとおり、この世界は、すべて真如の現れである。その真如は、本来的に、生成したり消滅したりはせず、増えたり減ったりもしない、不変の実体である。

もちろん、この世界に生きる人間の目には、様々な事象や物体が、生成したり、消滅したり、増加したり、減少したりしているように見える。だが、そうした事象の変化とは、真如の一部である原因が、真如のまた別の一部である結果になっただけのことである。個々の人間には、そうした因果関係が事象や物体の変化として目に映ったとしても、しかし、真如の現れとしての世界自体は、実は何も変わってはいないのである。

こうした因果の法則は、エネルギーの形態が変わってもエネルギーの総量自体は変わらないという、物理学におけるエネルギー保存の法則とも酷似している。仏教と科学とは、同じ原理を別のかたちで表現しているというわけだ。

このように、非科学的な空想上の宗教であるキリスト教とは異なり、仏教は、科学の道理にも反しない、学問的な宗教なのである。

†東洋文明の精神としての仏教

以上のように、円了は、論理や科学に反しているキリスト教と、反していない仏教といった議論にひたすら邁進した後、続いて、仏教と国家（日本）の関係とは、いかなるものであるのかを熱弁していく。

いわく、西洋文明に拮抗《きっこう》する東洋文明の性質を決定づける要素として、仏教は欠かせない。その仏教は、インドや中国では衰退し、両国では文明の精神も衰えている。それに対して、日本では仏教がまだ生き延びており、と同時に、東洋の精神も生き続けている。

しかしながら、もし西洋文明の精神がこれからも日本に浸透していくとするならば、日本はその精神的な固有性を失っていくだろう。日本ではすでに、文物や学問の領域の大半が西洋化しており、風俗も大概はその個性を見失っている。だが、そうした状況において仏教だけは、日本の精神を保っている。仏教だけが、西洋に対抗することのできる、東洋の思想を維持している。

それゆえ、東洋を愛し、自国を思う意志のある者は皆、一日も早く仏教を改良するための事業に取り組むべきである。これは、日本一国に尽くすだけの義務ではなく、東洋一般に尽くすという義務でもある。さらには、東西の両文明に尽くすための義務ですらある。

理論上、キリスト教よりも遥かに優れており、インドや中国ではなく日本に定着している仏教を、日本人が守っていくことには、日本にとっても、世界にとっても、大きな意義がある。私たちは、仏教の保護と研究を通して、真理を愛する世界の学者たちに仏教を伝え、これを将来の宗教のモデルとして提示していく必要がある。

そうして、日本の宗教である仏教を西洋に積極的に輸出していくことで、西洋からの思想の流入を押しとどめ、日本と東洋文明の固有性を守護するための、防御策を打っていかなくてはならない。

こうした仏教改良のための事業は、僧侶だけが負うべき責務ではまったくない。日本において学問や教育に携わるものであれば、ことごとくその任を担《にな》うべきである。

というのも、現在の僧侶たちは、その過半数が無知で無学であり、時代状況をよく理解できておらず、到底、自分たちだけで仏教を改良するためのプランを立てることができない。そうした僧侶たちだけに仏教改良の事業を任せていては、仏教が僧侶とともに廃滅していくことは、目に見えている。

そこで、学のある者たちと僧侶とが協力をしながら、仏教を日本に保持し、その真理を将来に伝えていくための方法を、ともに模索していくべきなのである。

†哲学と宗教の違い

かくして、西洋文明を強く意識しながら、日本の未来を守っていくための、仏教改良の試みが目指される。そして、この改良事業を推進する際の要《かなめ》になってくるものとして、円了が念頭においていたのが、哲学であった。

だが、哲学とはそもそも何なのか。円了は、宗教との対比で哲学の特質を次のように説明する。

いわく、哲学は、疑いをその本領とする。古人の言うことをそのまま受け入れることはなく、世間を信じることもしない。あくまでも、新しい知や新しい発見を追い求めて、真理を明らかにすることを目標とする。

これに対して、宗教は、信をその本分とする。古人の言うことをなるべく守り、世間が信じていることを受け入れる。疑いを捨てて、安心を得ることに徹する。人間は、疑いがあると必ず迷いがあり、迷いがあれば必ずその心が苦しい。そして、その心の苦しさをなくすために信を用いるのが、宗教である。

これに対して、哲学は、たとえその目的が人間の迷いや苦しみをなくすことにあったとしても、あくまでも疑いを起こして、新しい答えを見出すことにひたすら努める。そうして、ある問題に対する解答を究め尽くしたとしても、また他の問いを発し、追求していく。そのプロセスには際限がない。

宗教は、その際限のなさに対して、真理を知る必要のない者は知る必要がないとし、過去の聖人たちの教えに従って疑いを解くことを人に勧める。すなわち、哲学は究理の学であり、宗教は安心の術である。

こうした区別をした上で、しかしここで重要なのは、宗教には一般の宗教と哲学上の宗教という、二種類があるということである。後者は、合理的な思考によって自己の正しさを証明しようとする宗教であり、仏教のうち一定の部分はこちらに属する。それは、知的・学問的な「理信」に基づいており、それを信ずるべき理由を明らかにした上で、信じられていく宗教である。

一方、合理的な思考に基づかない、愚かな者たちの宗教は、「妄信」に基づいている。たとえば、神が世界を創造したと聞いて、その原因を究明しないで愚直に信じてしまうキリスト教のような宗教は、こちらに該当する。

このように、仏教はキリスト教とは異なり、哲学上の宗教であるわけだ。しかし他方で、仏教の本来的な目的は、自分も含めた人々の迷いや苦しみからの脱却と、利他の行いにこそある。哲学に基づく理論的な追求を行う一方で、同時に、宗教に実際的に求められる、人々の悟りや救いのための実践にも、取り組んでいくのである。

仏教は、哲学と宗教が交差するところに存在する。この両面をよく自覚した上で、仏教の内情を改良し、そして、仏教を社会に伝えていく必要がある。

†宗教における「知力」と「情感」

こうして、『真理金針』においてキリスト教を一方的に批判しながら、仏教を哲学上の宗教として位置づけていった円了は、続く『仏教活論序論（本論）』において、仏教を哲学的な視点から、さらに詳しく論じていった。

円了が仏教の哲学的な側面について説明する際、しばしば用いる表現が、仏教は「知力」と「情感」の双方を兼ね備えた宗教である、といったもの言いであった。

すなわち、華厳や天台や唯識などの「聖道門《しょうどうもん》」に含まれる諸宗は、「知力」の宗教である。こちらは、人間が成仏《じょうぶつ》するためには、自分で仏教の真理を究め、真理を体現するための修行に努めることを必須とする。

他方、浄土宗と真宗に代表される「浄土門《じょうどもん》」は、「情感」の宗教である。こちらは、無知や愚鈍さのために自力を達成できない者たちのために、ただ他力による成仏を推奨する。

もちろん、前者こそが、仏教を哲学上の宗教として考えることを可能にする。だが、ここで肝心なのは、仏教が総体として、知力と情感の両者にまたがる宗教として成り立っている、という点である。

人間は、知力の導きによって情感を養うこともあれば、情感が知力の働きを助けることもある。知力と情感のバランスのとれた宗教である仏教は、どちらか片方を偏重し過ぎて、他方を害するということがない。

そして、文明がいくら進歩したとしても、賢くならない人間は賢くならないし、愚民は根絶されえない。それゆえ、知力の宗教のみを求めて情感の宗教を欠いてしまうような事態は、好ましくない。情感の宗教は、知力の宗教に必ず伴っていなくてはならない。また、キリスト教のような情感だけの宗教とは異なり、知力もそなえた仏教の場合は、その情感の側面を知力によって改善していくことも可能である。

つまり、はじめは浄土門にしか適合的でない情感派の人々も、仏教徒であれば、そこに知力の要素が入っていくことで、知力の宗教へと近づいていくことができる。そういった意味では、基本的に情感の宗教であるはずの浄土門には、実はその内にあらかじめ知力の種が含まれているのである。こうしたところも、知力と情感を兼ね備えた宗教である、仏教の優れた点である。

†仏教再生のプログラム

ここで円了は、知力と情感という表現に対応させながら、聖道門と浄土門という仏教の二つの系統を、ともに評価しようと試みている。このように、仏教における複数の系統や宗派を、すべてバランスよく評価し、自身の思想体系のなかに総合的に位置づけようとしていく営みは、円了が彼の「活仏教」のプログラムにおいて、常に積極的に進めようとしていたことであった。

日本には周知のとおり、様々な宗派が存在しており、各宗派がそれぞれに独自の教えを説いている。法相宗《ほっそうしゅう》や華厳宗といった、いわゆる南都《なんと》（奈良）の仏教があり、天台宗と真言宗の平安仏教があり、あるいは、浄土宗や真宗や曹洞宗や日蓮宗などの鎌倉仏教がある。実にいろいろとある。

円了は、だが、それらすべての宗派を、哲学的な理論に基づき統一的に考察していく。さらには、そうした統一的な見解のもとに、各宗派の実践的な意義を捉え直していく。

そうすることで、現在の日本に存在する諸宗派を、理論的に統合し、それぞれの宗派が今後どのように実際的に応用されうるか、その道筋を模索する。これが、円了による仏教再生のための究極的な方法であったと思われる。

†真如の哲学

円了いわく、古来より仏教には八万四千もの教えの系統があり、諸宗派が分裂し、互いに他宗派を退けようとしてきた。だが、そのどれもが、もともとは一人のブッダによって説かれたものであり、分かれてはいても、本来的には同質の仏教である。

仏教に様々な教えがあるのは、なぜか。それは、異なる病気に応じて異なる薬が与えられるように、人間の苦しみも人それぞれであるから、個別の苦しみに応じて、それを解消するための教えも多様化してきたためである。八万四千種類の苦しみに対応した、八万四千種類の仏教。だが、今やその八万四千の教えを一貫する論理が示されなくてはならない。仏教を一貫する論理、それは、真如の理論である。仏教の知はすべてこの真如に到達するためにある。この「真如」を語る上で肝心なのは、その「現象」との相違、および関係である。

すなわち、あらゆる現象は、栄枯盛衰を繰り返し、変遷し、消滅する。これが生死の世界である。これに対し、真如の世界には、変遷も消滅もない。また、現象するこの世界には、自分と他人の違い、他人とまた別の他人との違いというように、無数の差別が存在する。これに対し、真如の世界では、自他の区別はなく、すべてが平等である。

現象する差別の世界と、無差別平等の真如の世界。仏教では、しかし、この二つの世界は、実のところ表裏一体であると説く。それは、いわば一枚の紙の裏表のようなものである。

現象する差別の世界の裏側には、常に、平等な真如の世界がある。たとえば、仏教の教えが様々に分かれても、その教えの帰するところは常に同一であるという事実も、現象と真如が表裏一体であるという、仏教の論理それ自体から説明することが可能である。

真如の理論において、また最大源に重要なのは、因果の法則である。因果とは原因結果の略称であり、原因あれば必ず結果があり、結果があれば必ず原因がある。

これをあるいは、因縁の法則ともいう。因は親元の原因であり、縁はそれを助ける原因である。たとえば、草木の種子は因であり、雨露や日光は縁である。そして因と縁とが相まって、草木が育つという結果が生じる。この因縁果の法則は、世界のすべての事象に通用する、仏教に固有の理論である。

一方、仏教はこうした世界の真実を説明するだけでなく、同時に、その真理を体得することを目的とする。前者だけでは哲学だが、後者も目指すから、仏教は宗教でもある。それぞれ異なる諸宗派は、それぞれ異なる仕方で真如の理論を解説しつつ、それぞれ異なる仕方で真如を体得するための道を示す。

真如という月は、たいていは煩悩《ぼんのう》（欲望）という雲に覆われており、それゆえ人間は迷い、悩む。人がこの煩悩の雲を払い、真如の月を見ることができれば、それがすなわち悟りである。

†日本仏教の各宗派の比較

仏教の多様性とその統一的な理解について、日本で大きな勢力を誇る、禅宗と日蓮宗と浄土宗（および真宗）を例にして考えてみよう。禅宗と日蓮宗は、ともに個人の知恵や努力を重視する。その点でこの二宗は理論的に通じるが、しかし実践の面において分かれる。禅宗は座禅を旨《むね》とするが、日蓮宗は『法華経』の題目を唱えることを求めるのである。

これらに対して、浄土宗（真宗）は感情に傾き、個人の努力よりも阿弥陀仏の他力を重んじる。その点では、他の二宗とは理論的には異なる。しかし浄土宗（真宗）の念仏は、誰にとっても実践しやすいという意味で、日蓮宗の唱題に通じる。

さらに、これら三つの宗派は、いずれもその理論の中身を突き詰めていけば、法相宗や天台宗など、それらに先行する宗派で説かれる理論と、根底でつながっているという共通性を持つ。

禅宗は、座禅による精神集中と注意力の鍛錬を促す力があり、それゆえ戦乱の世の英雄豪傑たちに、好んで受け入れられた。しかし、一般人の宗教とするにはやや高尚に過ぎた。そこで、浄土宗や真宗の他力的な教義や、平易な念仏の行が必要とされた。

他方、浄土宗や真宗の欠点は、もっぱら来世の幸福ばかりを祈っていて、現世の利益が疎んじられがちなところにある。その欠を補うためにも、もっぱら現世での幸福を説く日蓮宗が開かれた。その勢いは今なお続いているが、現世利益を説いてばかりいては、人々の愚かさが助長されるという弊害がある。いずれの宗派も、その長短を意識しつつ、これからもっと改良されていかなくてはならない。

†仏教と社会の関係とは何か

最後に、仏教と社会との関係を論じておこう。仏教は、その初発の形態としては、俗世間から離れていく出家を基本とした。真如の理想に達するために、現象するこの世界からの離脱を試み、そのため、自己の愛する妻子や財産を捨てて、ただ真如を体得するための出家生活に挑んだのである。

そういった意味で、仏教はまずもって厭世《えんせい》主義の教えであったと言える。こうした傾向は、現在の仏教においても少なからず持続している。

だが、現象するこの世界と真如の世界とは、実は互いに表裏一体であるという認識に至った段階では、現象を離れて真如はなく、真如は現象するこの世界のなかにこそ存在する、という見解に到達する。そうなると、むしろ現象する世界こそが大事なのであり、この世界を離れて別に目指すべき真如の世界など存在しないという、逆転した理解にまでも進んでいく。仏教には、こうした現実肯定的な、非厭世主義の理論を説く宗派もある。

仏教を、しかし、あらゆる宗派を総合した全体として考えた場合、これら厭世主義と非厭世主義の双方を評価しつつ、その中間をとることが正しい。言い換えれば、中道《ちゅうどう》を保持することが大切である。

仏教は、それ単独で成り立っているのではなく、それを信じる人がいて、初めて宗教たりうる。したがって、仏教は人々が作り上げる社会の事情に応答しながら、社会に入っていくべきである。

現在の社会が、現世への失望に傾いていて問題があるときには、非厭世主義の方面を開示して、その問題を解決しなくてはならない。反対に、現在の社会が、現状肯定にひたすら傾斜していて問題があるときには、厭世主義の方面を開示して、その問題を解決しなくてはならない。

これが、多様な宗派の教えを包容する仏教が可能とする、中道ということである。それが、社会がこれまで仏教を必要としてきた理由の一つでもある。

ただし、社会から転じて、仏教と一個人との関係を考えるときには、少し異なる見方ができる。現在の社会状況には適していない宗派も、一個人にとってはふさわしい場合もあるのである。

たとえば、厭世主義を社会に浸透させるのにふさわしくない時代にも、一個人にとっては厭世的になったほうがいいこともある。社会の事情が時々刻々と変化していくように、一個人の性質はそれぞれ異なるものであるからだ。

それゆえ、現在の社会にとって必要のない宗派の教えも、一個人にとっては必要となることがあるかもしれない。ここにも、仏教が多様であるがゆえの利点があると言えるだろう。

3　仏教と哲学の蜜月

†仏教の合理性を弁証する

以上、円了の仏教思想の要所となる点を語ってきた。そこにまずもって顕著に見て取れるのが、キリスト教に対するきわめて厳しい態度である。それは、もちろんキリスト教に対する仏教の優位性を示すための方便としての側面があったとは言え、今日の視点から見れば、明らかに公平性を欠いているように思える。

円了は、キリスト教と学知との相性の悪さを繰り返し指摘する。しかし、長い歴史を有するキリスト教には、哲学の論理を応用した神学の伝統なども、確かに存在してきた。キリスト教にも仏教と同様に「知力」を重視する流れがあることは、明白な事実である。

円了がこうした事実を踏まえず、ほとんど偏狭と言ってよい理解を示していた背景としては、彼のキリスト教に関する知識の不足という、基本的な問題もあっただろう。だが、それ以上に、文明開化の鳴り物入りで西洋からやってきたこの「新興宗教」に対する恐れの感情が、彼をしてやや過剰な反発を起こさせるに至ったのだろうということも、十分に推測できる。

もっとも、そうしたキリスト教批判の言論が、単なる感情的な非難ではなく、徹底して理論的かつ明快な言葉で行われていたというところが、当時を代表する仏教思想家として世間が彼を認めたことの、大きな理由であった。

特に、ともに西洋に由来するキリスト教と哲学を明確に切り離し、後者の哲学的な論理性をそなえているのは仏教であって、キリスト教では決してないとする円了のもの言いが、そこでは決定的に重要であっただろう。

そうした言論をひたすら積み上げていく彼の雄姿は、西洋文明の否応《いやおう》のない受容を迫られながらも、しかしキリスト教には反感しか抱けない当時の日本の仏教者たちの目に、とても輝かしいものとして映ったに違いない。

円了がこうした仏教の哲学化を志すようになった明治一〇年代の中頃には、巷《ちまた》でも、仏教の合理性を説く動きがあちらこちらで見られた。「仏教演説」という、仏教者による新しいかたちのプレゼンテーションの実践が行われていたのである。

この仏教演説は、従来の僧侶による説教（説法）とは異なり、仏教に対してはじめから興味を抱いている人々を、必ずしも対象としてはいなかった。むしろ、仏教の外側にいる人々に対して、仏教の価値を弁証していくためにこそ、この演説は実施されていた。

その趣旨としては、まずもって、仏教にとっての敵対勢力であるキリスト教を批判する、という目的があった。だが、それと同時に、仏教がいかに「道理」にかなった合理的な宗教であるのかという事実を世間の人々に広く伝えることを、この演説の実践者たちは目指していた［星野二〇一二］。

円了のキリスト教批判を前提とした仏教思想は、このような世間的な動向を受けつつ、それを理論的により精緻《せいち》かつ綿密に鍛え上げながら、本格的に展開させていったものであ

った と位置づけることができる。
仏教の合理性を説くことが流行し始めた時代に、東大で哲学を学んできたエリート仏教者が、優れて哲学的な宗教としての仏教の真価と、その発展の可能性を、雄弁に語り始めた。そこに、仏教の明るい未来を連想する者が大勢集まってきたとしても、それほど不思議なことではなかっただろう。

†スペンサーと『大乗起信論』の影響

円了が仏教を哲学として語る際、一つの決定的なモデルとなっていたのは、彼が大学教師のフェノロサなどを介して知ることとなった、スペンサーの哲学であった［長谷川二〇一四］。

円了の仏教思想の核心をなしたのは、この世界に存在する事物や現象は、すべて真如の現れである、とする見解であった。スペンサーもまた、宇宙や生物から人間社会の倫理までも含めた世界の全体を、「進化の一般的規則」によって説明する哲学を論じた。それに加えて、スペンサーは、万物の背後にあってその生成や消滅の原因となる、「不可知な実在」を想定する理論を構築していた。両者の思想の類似性は明らかであろう。

円了の仏教思想は、現象とその背後にある「不可知な実在」＝真如の働きとを統合的に理解する哲学的な宗教論として、スペンサーの哲学をかなりの部分なぞったものであった。ただし、スペンサーが不可知なものをあくまでも不可知なものとして、あまり積極的には語らなかったのに対し、円了は真如という宗教的な次元を語ることに対して、非常に意欲的であった。

また、円了が仏教の真如と、スペンサーの言う「不可知な実在」とを重ねるような理解をした原因として、円了が受講していた原坦山《はらたんざん》の「仏書講義（印度哲学）」の授業において、『大乗起信論《だいじようきしんろん》』という、大乗仏教の要旨を簡潔に述べた概説書が講じられていたことが大きかった。

この『大乗起信論』では、「説くことも、考えることもできない」ものとしての「真如」について述べられていた。円了も含め当時の東大で哲学の研究をしていた人々の多くは、これをスペンサー的な「不可知な実在（Unknown Reality）」に相当するものとして解釈したのである。

「不可知な実在」であるはずの真如を、現象するこの世界と表裏一体のものであるとして考察した円了の思想は、だが、現象と真如とをかなり即席的に直結させてしまう、やや安直なものであった。

こうした、現象と真如（真理）の一致といった問題意識それ自体は、清沢満之《きよざわまんし》や西田幾多郎など、円了に続く日本哲学の開拓者たちも、おおよそ共有していた。しかし、円了に少なからぬ影響を受けながらも、哲学の徒としてより深刻な課題に向き合った彼らは、現象と真理の関係について、円了よりも複雑な議論を展開していった。彼らは、それぞれに固有の思想的課題に応じるかたちで、円了と同様の問題意識を、より深化させていくことになるのである。

†日本仏教統一への道

一方、仏教のすべての宗派を理論上は統一的に考えていこうとする、円了の知的挑戦を動機づけていたのは、日本仏教に対する彼の切迫した危機感にほかならなかった。少年時代に明治維新を迎え、廃仏毀釈や神道中心の国家政策の時代を経験した彼にとって、仏教がこのまま近代を生き残ることができるかは、いまだ不透明のように思えた。

にもかかわらず、日本仏教の各宗派は、それぞれにバラバラな教義のもと、それぞれがバラバラに活動している。教義がバラバラだから、各宗派が一致団結することができず、それゆえ、社会における存在感を誇示することも困難である。こうした残念な状況を打開するためにも、円了は、バラバラな各宗派を何とかとりまとめ、宗派ごとに異なりながらもなお統一感のある一つの「仏教」を語ろうとした。

その際、彼が参考にしたのが、鎌倉時代の凝然《ぎょうねん》の著作である『八宗綱要《はっしゅうこうよう》』であった［佐藤二〇一三］。『八宗綱要』は、日本で古代より伝承されてきた仏教の主要な八宗の教えに加え、鎌倉時代に隆盛し始めた禅と浄土教について解説した本である。同書は、日本仏教の各宗派の教義についての入門的な著作として、鎌倉時代より以降も、僧侶らのあいだでよく読み続けられてきた。

各宗派の系統と教理をコンパクトにまとめたこの『八宗綱要』は、宗派の相違を超えた統一的な「仏教」を構想していた円了にとっても、非常に大きな示唆を与えてくれる書物であった。そして彼は、同じ真宗大谷派の先輩であり、東大で『八宗綱要』を講じていた吉谷覚寿《よしたにかくじゅ》に導かれながら、いわば明治版の『八宗綱要』を作成しようとした。円了の『仏教活論序論（本論）』は、そうした成果の一部として読むことが可能である。

円了がそこで見せた仏教統一への意志は、たとえば、村上専精《むらかみせんしょう》という、真宗大谷派の学僧で、近代的な仏教史研究のパイオニアとなった人物にも共通して見られた。

円了が哲学的な観点から、各宗派の教えを真如の理論のもとに統合しようとしたのに対し、村上のほうは、歴史学的な観点から、各宗派の歴史を、どれも本来的には仏教の起源である釈迦の教えと人格から派生してきたものと捉え、それらを統一的に描こうとした。

円了と村上が学者として実際に行っていたことは、それぞれ微妙に異なっていた。だが、哲学や歴史学といった近代的な学知をベースにして、仏教に一貫する本質を論じ、各宗派を包括的に理解しようとした点で、彼らは互いに近似した世界観のなかで思考していたものと言える［岡田二〇〇九］。

各宗派の教えをまとめあげることで、仏教を活性化させていくという円了の挑戦は、しかし、おおよそ失敗に終わったと言ってよいだろう。その後も日本の仏教界は宗派が分裂したままであり、一時的な会合や行事やボランティア活動の場などにおいて、諸宗派が協力することはあっても、相互の教義を理論的に比較・統合しながら仏教改革を推進する、といったような運動は、今日に至るまで具体化することはなかった。

むしろ、特定の宗派の伝統を背負いながら、それを近代的に再編成していく運動こそが、近代日本を席巻していくのであった。次章で論じる真宗僧侶の清沢満之による思想と運動などは、その典型であったと言える。あるいは、宗派の分裂状態に見切りをつけ、仏教の原点である釈迦の教えに回帰しようとする動きも、近現代を通して散発的に見られた。

いずれにせよ、各宗派の教えのバランスのよい共存から仏教を再生するという円了の戦略は、その後、正面から引き継がれることはなかったのである。

†明治二〇年代の仏教と哲学

キリスト教への強い対抗意識と、その弱点の分析。愛する日本の文化に対する真剣な思いと、それを守るための方法の模索。仏教の将来への憂慮と、それを払拭《ふっしょく》するための総合的な仏教思想の構築。これらすべてを達成するために、円了は哲学を用いた。

仏教の教えの根幹である「真如」について、よく考え、それを世界のすべてを説明するための哲学的な理論として提示すること。そのようにして真如の論理を縦横無尽に展開させることで、キリスト教を論破し、仏教の魅力を打ち出す。それが円了のねらいであった。加えて、日本文化の精髄である仏教の価値を、国内はむろんのこと、文明社会の最先端である西洋にも認めさせていくという壮大な目標もまた。

さらには、真如の哲学のもとに仏教の各宗派を統一的に理解し、仏教界の相互協力を促すことも、そこでは同時に目指されていた。哲学をうまく応用していけば、日本の仏教は必ず活性化していくに違いない。円了はそう確信していたものと思われる。

仏教と哲学は、円了がその融合に努めた明治二〇年頃において、いわば蜜月の関係にあったと言えるだろう。哲学についての学びは、これからの仏教にとって確実に役に立つ。もっと言えば、哲学の素養がなければ、仏教の真価をきちんと理解することはできない。時代に乗り遅れない先進的な仏教者であるためには、哲学に通じていることが必須とされるような雰囲気が、そこにはあったはずである。

そのような風潮は、しかし、そう長くは続くことがなかった。円了が仏教思想家として一世を風靡した明治二〇年代より以後も、知的な仏教者たちが哲学を学ぶという営み自体は、かたちを変えつつも確かに存続した。だが、哲学は仏教を思想する人間にとっての必須科目である、というような考え方に対しては、次第に疑問符がつけられるようになっていく。

果たして、仏教にとって哲学は本当に必要なものなのか。次章で論じる清沢満之は、一貫して哲学を重視しながらも、晩年には哲学の不十分さを自覚するようになっていく。また、さらに後の世代になると、哲学は仏教にとっては不必要なものではないかといったような、哲学批判的な意見さえも、徐々にわき起こってくる。

次章以降では、こうした仏教と哲学の蜜月の終わりの過程を見つめていくことになる。仏教を知的に語る者たちの信仰に対する強い思いが、哲学と仏教の関係に亀裂を入れていく、その興味深い過程を。

第二章
哲学と信仰のあいだ──清沢満之

清沢満之(1863-1903)

1　学問による宗教改革

†学問への傾倒と宗派への報恩

清沢満之《きよざわまんし》（一八六三―一九〇三）は、学問が好きだった。学問を続けるために仏門に入り、学問をさせてくれた宗派に恩義を感じ、学問によって仏教を変えた。また、学問だけではなく、自己の信仰を磨くための実践を行い、その信念に基づく教団の改革を試みたが、この方面では痛い挫折を経験した。最後に彼は、彼を慕う弟子たちとともに、まったく新しい仏教の言葉を求めるための運動に参入した。だが、その運動の開始早々に死亡した。そうした清沢満之の、短くも濃密な生涯を、まずは簡単に振り返っておこう［安冨一九九九、山本二〇一四］。

一八六三（文久三）年六月二六日、満之は、尾張藩の下級士族である徳永永則《とくながながのり》の長男として、名古屋黒門町に生まれた。彼の父である永則は、禅に親しむ仏教者であった。彼の母であるタキは、真宗の熱心な信徒であった。彼女は、僧侶の説法を繰り返し聴き、真宗の教えを必死で学ぼうとしていた。

一八七四（明治七）年、一二歳のときに、満之は愛知英語学校に入学。英語と数学を得意とした。同校が三年後に廃校になったことから、続いて愛知県医学校に入学。ドイツ語を少し習うが、同校では、まともな講義がほとんど行われていなかったようであり、彼はわずか数カ月で同校を退学した。

満之は、その後も学問を続けたかったが、家が貧しかった。そのため、一八七八（明治一一）年二月、一五歳のときに、母が通っていた覚音寺の僧侶に勧められて、真宗大谷派の僧侶となった。同派の僧侶となることで、同派の英才教育機関として京都に開設されたばかりの、育英教校《いくえいきょうこう》に入学することができたのである。

彼は後年、「自分が僧侶になったのは、僧侶になれば本願寺が学問をさせてくれるからで、親鸞聖人や法然上人のように、立派な精神からではなかった」と述べている。

一八八一（明治一四）年、一九歳のとき、大谷派の教団が指名する留学生に選ばれた満之は上京し、東京大学予備門に入学した。さらに予備門を卒業後、東京大学文学部哲学科に入学。哲学科を選んだのは、井上円了に勧められたからであった。満之は、その円了が中心になって立ち上げた「哲学会」にも積極的に関与しており、学会誌『哲学会雑誌』の編集にも携わった。

一八八七（明治二〇）年、哲学科を首席で卒業した満之は、引き続き哲学の研究を進めるために、新設されたばかりの研究院（大学院）に進学した。だが、わずか一年でこの大学院を去り、京都に移住した。京都府立尋常中学校の校長として赴任するためであった。同校は、京都府の財政難のため経営が大谷派に委託されており、その指導者として満之が選ばれたのである。

彼は研究者として将来を嘱望されていたが、大学に残る道を決然としてなげうった。自分に学問をさせてくれた宗派に対する、多大な恩の思いを彼は抱き、それゆえ、自己の望むキャリアよりも、宗派への奉公を優先させようとしたのである。

†禁欲の「実験」と宗教哲学

一八八八（明治二一）年に中学の校長に就任した直後、満之は三河大浜（現・愛知県碧南市浜寺町）の西方寺《さいほうじ》に入り、清沢ヤスと結婚した。「清沢満之」となったのである。以下、彼のことは「満之」ではなく「清沢」と呼んでいこう。

校長に着任当時の清沢は、洋服を着込み、西洋タバコをくゆらせ、人力車に乗って通勤する優雅な暮らしを送っていた。だが、一八九〇（明治二三）年、僧侶としての自らの立場を省み、あるいは周囲の不真面目な僧侶たちを見ていて思うところがあったのだろう。

突如、生活スタイルを一変させた。校長の職から退くとともに、頭を剃《そ》り、肉食をやめ、黒衣《こくえ》と袈裟をまとって、行者的な禁欲生活を開始した。

清沢はこの生活を、「ミニマム・ポシブル」の「実験」と名付けた。衣食等について可能な限り最低ラインの生き方を、自らの身をもって体験する、ということである。

その「実験」は、一八九一（明治二四）年一〇月に母が逝去してから後、次第にエスカレートしていった。菜食主義を貫くのみならず、塩を断ち、食物の煮炊きをやめ、そば粉を水でといて食べるといった状態にまで、自らを追い込んでいった。

だが、無理がたたったのだろう。約四年間にわたる禁欲生活の結果、一八九四（明治二七）年四月、彼は結核に倒れた。結核は、当時は不治の病であった。厳しい修行の放棄を余儀なくされた彼は、その後、播州垂水《ばんしゅうたるみ》（現・兵庫県神戸市垂水区）での療養生活に入った。

一方、こうした禁欲生活と並行して、清沢は哲学の研究と教育を続けていた。宗派の学事施設である高倉学寮《たかくらがくりょう》などにおいて、宗教哲学の講義を行っていた。その講義内容をまとめるかたちで、一八九二（明治二五）年に出版されたのが、『宗教哲学骸骨《しゅうきょうてつがくがいこつ》』であった。

同書は、西洋哲学に関する当時の日本における最先端の研究を進めていた清沢が、仏教思想を基盤にしてオリジナルな宗教哲学を構築した、画期的な作品であった。関係者の注目を集め、その出版の翌年、アメリカのシカゴで開催された世界宗教会議において、英訳された同書の内容が紹介されるなどしている。

†教団改革とその挫折

結核に苦悶していた垂水での療養生活の最中、清沢は、人生に関する思想を一変させた。自分の無力さを痛感することで、真宗の根幹的な教えである他力の信仰へと、次第に傾いていったのである。

とはいえ、それから何もかもを諦めて、ひとり静かに隠遁しているわけにはいかなかった。彼の信奉する宗派の動向が、気がかりで仕方がなかったのである。

一八九五（明治二八）年七月、清沢は宗派の先輩や同年代の若手僧侶たちとの連名で、宗派の行政に関する建言書《けんげんしょ》（意見書）を、教団内で大きな権力を握っていた渥美契縁《あつみかいえん》に対して提出した。その趣旨は、宗派内での学問（教学）改革に冷淡な渥美らに対して、教団の生命は、宗派の教えを学問的に研ぎ澄ましていくための教学にこそあるのだから、教学を活性化させる方向へと、宗派の行政をシフトさせていくべきである、と提言するものであった。

さらに翌年の一八九六（明治二九）年一〇月、清沢は信念をともにする同輩たちと一緒に、洛東白川村《らくとうしらかわむら》に「教界時言社《きょうかいじげんしゃ》」を設置し、そこを拠点とする大谷派教団の改革運動を本格的に開始した。機関誌『教界時言』を創刊し、教学の刷新と、教団の民主化を訴えた。

この運動は、宗派の僧侶や信徒のみならず、教団の外側にも大きな反響を呼び、全国的に注目された。清沢の呼びかけに応じて、その「革新の要領」に基づく請願書に対し、三万人近くの人々が署名した。運動をうまく抑制できなかった渥美は、退陣に追い込まれた。

だが、この運動はけっきょくのところ挫折する。改革の提言は教団の行政において十分に反映されることはなく、運動の当事者内でも方向性が分裂した。さらに、清沢は運動の首謀者の一人として、大谷派の僧籍を一時的にだが剝奪されてしまった。

一八九八（明治三一）年三月、『教界時言』は廃刊され、運動は終息。こうした無念の結果を受け、清沢は仲間にこう語っていたという――宗派に大学出の知的エリートが多少いたとしても、宗派を支える全国の寺院が変わらないのであれば、改革など何の役にも立たない。自分はそんなこともわかっていなかった。「これからは一切改革のことを放棄して、信念の確立に尽力」したい――。

†「精神主義」運動へ

改革運動の終焉後、心身ともに疲弊し尽くし、自身の寺である西方寺へと帰った清沢であったが、そこでも安住することはできなかった。難しい思想は語れるが平明な説法はできず、しかも肺病持ちの彼は、寺院の檀家たちから好意的に受け入れられなかったのである。そもそも、義父である住職がまだ健在であり、清沢の出番はあまりなかった。

この頃、清沢は『臘扇記《ろうせんき》』と題した日記をつけ始め、そこで新たな思索を展開し始めた。「臘扇」とは、「一二月（冬）の扇」という意味であり、すなわち、「無用」「役立たず」ということである。彼は自虐的な心持ちのなか、ものを深く考え続けていた。

一八九九（明治三二）年六月、清沢は再び東京に移り住むこととなった。東京に留学中であった大谷派の新法主（宗派の長）、大谷光演《おおたにこうえん》（句仏《くぶつ》）の教育係として指名されたからである。また、その二年後に東京巣鴨に開設された、真宗大学（後の大谷大学）の初代学監《がっかん》（学長）にも就任した。万全とは言いがたい身体を抱えたまま、宗派の教育活動の中心的な場へと、彼は進出していったのである。

こうした公的な職務に就く一方で、清沢は東京森川町（現・文京区本郷）に私塾「浩々《こうこう》洞《どう》」を開き、彼に師事する門人たちとともに、共同生活を開始した。そしてこの浩々洞を拠点にして、一九〇一（明治三四）年一月、雑誌『精神界《せいしんかい》』が創刊された。同誌は、弟子の暁烏敏《あけがらすはや》らが主体となり、清沢の指導を仰ぎながら、編集・発行された宗教雑誌であった。同誌に掲載された清沢とその弟子たちの文章や、浩々洞での定期的な講話を通して示された仏教思想は、「精神主義」と名付けられ、新しい宗教運動の一種として展開された。

仏教の言葉をなるべく使わないで、しかしなお、仏教の精神を伝えるための言葉を模索したこの「精神主義」運動は、同時代の仏教界や知識人らのあいだに、大いなる波紋を巻き起こしていった。

†すべてが「砕けた」晩年

清沢による大学と私塾での教育・宗教活動は、しかし、またもやと言うべきか、あまり長続きすることはなかった。一九〇二（明治三五）年、真宗大学で清沢が構想した厳格な教育体制に対し、学生が反発し、ストライキが行われた。清沢はこの騒動に対して自責の念を感じ、辞表を提出。就任からわずか一年ほどで、彼は学長の職を辞すこととなった。

一方、この騒動と前後して、清沢の長男の信一と妻のヤスが、相次いで死亡した。また、彼の持病である肺結核も再発した。一九〇二年一一月、清沢は失意のまま東京を去り、西方寺に帰り、身を横たえた。この年は何もかもが「砕けた年」であったと、彼は信頼する後輩の近角常観《ちかずみじょうかん》に対して、自身の悲惨な胸の内を吐露している。

なお、浩々洞を引き払う際、弟子たちに対して『精神界』の廃刊を提言しているが、こちらは弟子たちの強い希望で、彼らがその後も継続していくこととなった。

一九〇三（明治三六）年六月六日、清沢は西方寺で絶命した。亡くなる直前、「言い残すことはないですか」と問う従者に対し、「何もない」とただ一言のみ返したという。享年、三九歳。自身のままならない肉体や、他者の思惑に翻弄されながら、学問と信仰の探究に捧げた短い人生であった。

2 有限と無限の思考

†清沢の思想的ライフワーク

人間は有限な存在である。自分以外の様々なものに依存しなくては生きられない、相対的で不完全な存在である。他方、宗教は無限の世界を指し示す。人間とは異なり、他の何ものにも依存することのない、絶対的で完全なもの。そうした絶対的な無限性に関わる教えや実践や体験を通して、人は宗教とともに生きていく。

有限な人間と、無限のあらわれとしての宗教。この両者がどう関係してくるのかについて思考することが、清沢のライフワークであったと言ってよい。有限な存在であるはずの人間が、いかにして、無限なるものとしての宗教に接近していくことができるのか。有限な人間が無限を知ることで、いったい何が起こるのか。無限を知った人間は、その後、どのように生きていくのが正しいのか。

清沢は、こうしたテーマをめぐって、彼の学問を推進した。あるいは、こうしたテーマを基調としながら、自らの信仰について可能な限り明晰《めいせき》な言葉で語ろうとした。

一八九二年に出版された『宗教哲学骸骨』は、そうした清沢のテーマを初めて体系的に世に問うた著作であった。「骸骨」の名付けのとおり、この時点での清沢の哲学的な思想のうち、本当に重要な部分以外の皮肉がそぎ落とされた、ごく短いながらも、清沢思想のエッセンスがつまった本である。清沢のその後の思考は、どれも同書の延長上にある。

また、本書の続編とも言うべき「骸骨」的な思想の論述として、「他力門哲学骸骨試稿《たりきもんてつがくがいこつしこう》」（一八九五年）がある。前著の出版から約三年後に執筆された同著は、彼の生前には出版されておらず、あくまで「試稿」であり研究ノートのような位置づけだが、そこには、清沢の哲学的な思想の、さらなる展開を読み取ることが可能である。

そうした新たな展開の背景としては、この間に彼が結核で倒れ、自分の力の限界に気づき、死を意識するなかで、人間と宗教の関係を改めて考え直したことが大きかった、としばしば指摘されるところである。

さらに、清沢が「精神主義」の運動のなかで発表した文章においてもまた、彼の生涯を貫くテーマが明確に表現されている。右の二つの「骸骨」の書が、あくまでも哲学的な思弁の書として執筆されていたのとは異なり、「精神主義」の著述は、より一般的なレベルで宗教（仏教）に関心のある人々を想定しながら発表された。そのため、そこには宗教や信仰とともに人間が生きることの意味について、より具体性を伴う考察がなされている。

ただし、その具体的な思考が、「骸骨」の哲学とまったく無関係に存在していたわけでは、もちろんない。それは、有限と無限をめぐる清沢の思想の、いわば応用編として提示されていたと見ることが可能である。

また、清沢の死の直前に執筆された「我信念《わがしんねん》（我は此の如《かくごと》く如来《にょらい》を信ず）」は、「精神主義」と同様に平易な表現を用いながら、彼のより個人的な心情の吐露といった趣のある文章である。それは、晩年の清沢の仏教に対する思いが、比較的ストレートに表現された魅力的な著作であり、清沢の死後、彼を慕う者たちのあいだで、その重要な遺作として読み継がれてきた。

以下では、これら『宗教哲学骸骨』［清沢二〇〇二a］、「他力門哲学骸骨試稿」［清沢二〇〇二b］、「精神主義」関連の文章および「我信念」［大谷大学編二〇〇三］に基づき、清沢の宗教（仏教）をめぐる思想の概観を示していく。

†宗教と哲学の違い

『宗教哲学骸骨』の清沢は、まず、宗教心というものは、通常時の有限な心の働きとは異なり、無限と接した心の働きである、という基本的な前提を確認する。その上で、宗教心あるいは信仰と、哲学ないしは合理的な思考との、役割の相違について論じる。

いわく、無限に関わるのは宗教だけではなく、哲学もまた無限に関係する。だが、哲学の役目が無限の追求にあるのに対し、宗教の本性は無限の受容にこそある。人が哲学に基づき無限を追い求めていくなかで、無限を獲得できたのであれば、その人にとって哲学はもはや必要ない。哲学の役割が終わり、そこからは宗教の出番となる。

宗教において根本をなすのは、信仰である。その信仰は、しかし合理的な思考に反するものであってはならない。理に合わない信仰であれば、それは棄てていくべきである。信仰が誤った方向へとスライドしていくのをただすためにも、合理的な思考というものがある。

他方で、合理的な思考もまた不完全なものであり、それにばかりこだわっていては、宗教心を獲得することが難しくなる。ある物事がなぜそうなっているのか、その理由をひたすら考え続けるばかりでは、人の心は決して休まることがない。思考に休息を与えるためにも、むしろ信仰が必須となる。
すなわち、信仰と合理的な思考とは、互いに補い合いながら、どちらも他方を必要とする。

†宗教の二つのパターン

宗教においては、有限なものが無限なものになる。相対的なものが絶対的なものになり、部分的なものが全体的なものになる。

この有限と無限という対極的な二者は、しかし、本来的にはそもそも同一体のものである。有限とは別に無限な何かが存在するのではなく、無限の一部として有限は存在する。無数の有限的なもの（人間をはじめとする万物）が有機的に結びつくことで、無限が成り立つのである。

宗教とは、したがって、個々の有限が、自らもそこに属する有機的なつながりの全体＝無限との本来的な一体性を取り戻していく過程においてこそ、立ち現れるものである。

そうして有限が無限になる過程には、二種類のパターンがある。一つは、有限な存在の内部から無限の種が開花していくパターンである。もう一つは、無限の大樹が有限な存在に対して無限の存在を知らしめ、無限へと導いていくパターンである。

仏教的な用語を使えば、前者を「自力門《じりきもん》」と言い、後者を「他力門《たりきもん》」と言う。すなわち、有限な存在が自己の力でもって無限と化すのが「自力門」であり、無限の力が有限な存在を無限へと引き上げていくのが「他力門」である。人間は、このどちらかのパターンによってしか、宗教に入ることはできない。

また、「自力門」と「他力門」が、一人の人間のなかで同時に選び取られることも、ありえない。種子が同時に樹木ではありえないのと同様である。よって、「自力門」にあっては、一切の活動が自己一人の働きであり、「他力門」にあっては、すべての活動が人間の想像を超えた他力からの働きかけによる。こうした違いはあるが、しかし、いずれにしても、無限の力によって有限が無限になっていくことが、宗教の本質である。

†有限はいかにして無限になるか

有限が無限になるとは、しかし、より正確にはいかなる状態なのか。人間をはじめとする有限な存在は、この世においては、無限そのものに変化することはない。ただ、無限の心境に達することはできる。その無限の心境から、自分と世界を変えていくことができる。

それは、たとえて言うならば、宝石をよく磨き上げれば、物体そのものとしては変わらずとも、より美しい光を放ち、周囲の世界を照らすことができるようなものである。

では、無限の心境とは何か。それを理解する上で押さえておくべきことは、人間をはじめとするこの世界のありとあらゆる有限な存在は、いずれも互いに有機的なつながりの関係にある、という真実である。

たとえば、ここに一人の人間がいて、床の上にぽつんと立っていると想像してみてほしい。この人が立っていられるのは、床板があるからである。その床板は、それを支える柱があり、また地面があるから成立し、その地面もまた、大地の上層が下層により支えられ、下層もさらにその下層があるから成り立っている。

あるいは、もし人間の身体を構成する血や肉がなければ、その人はもちろん立ってはいられない。そして、そうした血肉を作るのは、飲食物である。その飲食物は、日本産の米や酒や、欧米産の肉や野菜などからなっており、世界各国の山川草木や動物や鉱物などと関係している。さらには、世界の日々の天候を規定する、太陽をはじめとする天体の働きとも確実に関わっているだろう。

今度は視点を、人間の思想の次元に移してみよう。床の上に立つその人が、頭のなかで考え出した思想は、世界各国の学問や技(芸)術と関係している。のみならず、たとえば孔子と関係し、ソクラテスと関係し、キリストと関係し、釈迦とも関係している。これらの哲人たちがいなければ、この人の現在の思想は、今そうあるようには、ありえなかっただろう。また、その思想は、現在や過去と関わっているだけではなく、未来の人々の思想ともつながっている。

このように、単に人が一人、床の上に立ってものを考えているという状態についてすら、世界の無数の存在とのつながりを見て取ることが可能である。こうした考えを広げていけば、この世界で起きるすべての変化は、他のあらゆる物体や事象との関係のなかで生じるということがわかってくる。すなわち、この世界の有限な何かの変化とは、この世界のすべて＝無限の変化と一体のものなのである。

人間が無限の心境に達するとは、つまり、有限な存在がその本来的な姿である無限の一部であるという自覚を持ち続けることである。また、そうした自覚のもと、自己が常に変化を遂げていく過程のことである。

人がいったんこうした状態に入った場合、なぜ、そもそも唯一であるはずの無限の世界が、同時に、有限なバラバラの個物から成り立っているのだろうということ自体が、不思議に思えてくるはずである。

だが、そうした疑問も、無限を自覚した個人の認識が変化したから生じたというわけでは、必ずしもない。順番が逆である。つまり、本来、無限と有限が一体であるという事実があるからこそ、なぜ無限と有限という二つの異なる様態があるのか、という疑問が自然と起こってくるのである。自己が無限の一部であるからこそ、その内実について、人は自覚的に問うことができるのだ。

†無限の自覚が導く倫理

こうして無限の一部であることを自覚した人間にとって、それでは、善悪とは何だろうか。人が無限と一体化しながら正しく生きていくとは、どのようなことだろうか。

人間にとって何が善で何が悪か、その基準に関する学説として、たとえば、人間の幸福（快楽）の最大化と不幸（苦難）の最小化を基準とする「功利説《こうりせつ》」がある。あるいは、個々人の良心を基準とし、個人の直感に従って行為の善悪を判断する「直覚説《ちょっかくせつ》」などもある。だが、これらはあくまでも、有限な人間を基準とした道徳上の議論であり、宗教が指し示す無限の次元に対する自覚がそこにはない。

宗教の基準から考えれば、人間が無限に向かうことが善であり、無限から遠ざかることが悪である。個人が無限の理想を自覚しながらそれを意識して生きるのが善であり、無限を知らないまま有限にとらわれて生きるのが悪である。

実際の行為の場面では、もちろん、個人の幸福観や良心に従い、道徳的な判断がなされる場合もあるだろう。だが、人が有機的な世界の全体を意識しながら正しく生きていくためには、宗教に依拠することが不可欠である。

無限を自覚した人間は、至上の幸福を経験し、その状態を、仏教では「楽土《らくど》」や「浄土《じょうど》」や「無上涅槃《むじょうねはん》」などと表現したりする。他方で、無限の理想に近づくということは、同時に、その言動が無限の基準から裁定されるということもまた意味する。

たとえば、会社の社長や一国の総理大臣が、私利私欲ではなく、会社や国家の利害を尊重しながら自己の言動を決定していくのが当然であるように、無限を自覚した人間は、世界の全体を自己の責任とし、世界のあらゆる苦しみを自らの苦しみとし、世界のすべての喜びを自らの喜びとしながら、生きていくことが求められる。

†無限は有限の外にある

「他力門哲学骸骨試稿」の清沢は、右記のような宗教哲学の延長上で、しかし、それとは微妙に異質の思考を展開していく。その異質性の中心は、何より、有限と無限がなぜ同一でありえるのかという問いにこそあった。そうした問いについて真剣に考えることから生じてきた、彼の思想の根本的な変化について見てみよう。

以前には、有限と無限の一致ということに関し、清沢の思想はおおむね肯定的であった。だが、よく考えてみれば、人間のような有限な存在が、なぜ、世界の全体であるところの無限と同一でありえるのか。有限は無限と本来的に一体であるとの自覚が、どうして可能なのか、疑念が生じてくる。有限は無限とは異なるものであり、有限と無限が同一であるというのは、一種の論理矛盾なのではないか。清沢の哲学は、こうした疑問を突き詰めていくなかで、徐々に変化を遂げていく。

何かが有限であるということは、それぞれがバラバラに存在しうるということである。一方、無限であるということは、バラバラにではなく、それ自体が唯一の存在としてあるということである。そして、同じ一つの存在が、バラバラでありえたり、ありえなかったりするとは言うのは、矛盾しているように思える。有限と無限が一体であるという考えは、こうした根本的な矛盾に基づく思想なのではないか。

こうした矛盾を解決するためにも、これまで用いていなかった、新たな論理を持ち込む必要がある。それは、有限と無限は一体のものではなく、有限の外に無限があるという考えである。

以前には、無限の側から有限について思考していたので、有限は無限の一部であり、それゆえ両者は一体という認識が成り立ちえた。だが、転じて有限の側から無限について考えてみると、どうなるか。バラバラに存在し、それぞれの限界を抱えているものが、そうではない無限なるものと同一では、決してありえない。ゆえに、無限は有限の外にある、有限とは別の何かである、と捉え直すことが不可避となる。

†「自力門」と「他力門」の相容れなさ

無限の側から考えるか、あるいは、有限の側から考えるか。こうした思考の方向性の相違は、そのまま宗教の「自力門」と「他力門」の違いに対応する。

無限の側から考え、無限と有限の一体性を信じる者は、有限な人間の内にも無限の契機があり、自力の修行を続けていけば、無限に到達できると信じて努力する。これが「自力門」である。他方、有限の側から考え、有限の外に無限があると信じる者は、この無限の不思議な力を認めて、その力に身も心も任せようとする。これが「他力門」である。

両者は根本的に相容れない二つの立場であり、二つの道である。そして、どちらかが完全に正しく、どちらかが完全に間違っているというわけでもない。ゆえに、哲学者であればこの矛盾を調停しようとして、永久に思考し続けることになるだろう。

宗教家の場合は違う。理論よりも実際的な問題を優先させる宗教家は、あるいは「自力門」を採用し、あるいは「他力門」を守って、どちらかの道を一途に進んでいくのである。

†すべての変化は無限の働き

有限の外に無限を考えた場合、だが、なぜに無限は無限のままではなく、わざわざ有限な存在のほうに近づいていって、人間に救済と信仰の恵みをもたらそうとするのだろうか。人間が、おのずから無限の存在に気づくことができるのであれば、無限の側からの働きかけなど、必要ないのではないか。

有限な存在の側の意志によって無限へと接近していく「自力門」であれば、こうした疑問は起こりえない。だが、「他力門」においては、有限はありのままでは永遠に無限を知ることはない。人間が無限の力に気づくとき、それはあたかも、自らの内から自然に生じた認識であるかのように思えることもある。しかし、それは何ら「自然」なことではなく、すべては無限の側からの働きかけによる。

あるいはこう言うべきだろう。有限な存在にとっての自然な変化とは、常に完全に他力の作用によるのであると。無限の側からの働きかけなくして、人間は何らの変化も経験することができず、救われることもない。「他力門」を選んだ人間にとって、すべての心境の移り変わりは、無限の力が引き起こすのであり、それ以外は何もありえないのである。

そして、無限には、絶対と相対という二つの側面がある。無限が有限に働きかけ、有限な存在を救うという事態は、無限の相対的な一方、無限の絶対的な面においては、無限は無限のまま自足して、何らの動きも起こさない。この絶対的な無限に面に対しては、有限な存在は決して接近することができない。有限が無限の不思議な働きに気気づく際、そこで感知されている無限は、相対的なそれである。

これら相対無限と絶対無限は、しかし、あくまでも同一体の二つの側面である。相対無限が有限な世界に働きかけることで人間を救うが、そうした相対無限の様々な顕現も、究極的には絶対無限という本源へと帰一していくのである。

†「精神主義」とは何か

「精神主義」の清沢は、右記のような哲学的な思考を前提としながらも、しかし、より実践的な言葉を選んで自らの思想を語り直していった。そこでは、かつてのような、無限なるものの構造をめぐる抽象的な議論や、「自力門」と「他力門」の相違に関する厳密な検討は見られない。代わりに、広い聴衆や読者を意識しながら、有限な自己と無限な宗教の関係について、清沢は改めてごくシンプルな言葉で伝えようとした。特に、無限を知った自己が、どれだけ通常とは異質の心境のもとに生きていけるようになるのか、その大きな変化を語ることに、彼は熱意を注いだ。

いわく、人間がこの世界に生きる上では、そのよって立つべき完璧な立脚地が必ずなくてはならない。それがなければ、いつかどこかで確実に転倒する。では、そうした完璧な立脚地を獲得するにはどうしたらよいか。無限（者）によるしかない。この無限に接することで、私たちが人生における完璧な立脚地を築いていく精神の発達の過程、それが「精神主義」である。

精神主義では、自己の精神の内に満足を求める。そのため、それ以外の何かを追いかけたり、他人に従ったりするがゆえの、悩みや苦しみを抱えることがない。内なる精神の満足は、あくまでも無限に対してのみ求められる。有限な存在である人間や物に対してでは、絶対ない。

とはいえ、精神主義は自己以外のものをあえて遠ざけることはしない。ただ、他人や自分以外の物のために、悩み苦しむことがないのである。

精神主義は、自己の利益にかなうことだけを目的とするのでもない。他人をないがしろにするわけでもない。ただ、自己の立ち位置もはっきりしないうちに、他人がどういう状況にあるのかを確かめたりはしないだけである。

精神主義は、完全な自由主義である。自縄自縛《じじょうじばく》に陥ることもなく、他人に束縛されることもない。自他ともに完全に自由になり、お互いの自由が衝突することもない。それが精神主義の交際というべきものである。

通常の場合には、自分の自由と他人の自由は必ず衝突する。その理由は、通常の自由が完全な自由ではなく、それゆえ完全な服従を伴うものではないからである。

これに対し、精神主義における完全な自由は、いかなる場合においても、常に絶対的な服従を伴う。それゆえ、自己の主張を自由に変更することで、他人の自由との調和がなされる。その結果、他人の自由との衝突が決して起こらないのである。

精神主義においては、すべての悩みや憂いや苦しみは、各自の妄想から生じる幻影であると信じる。自己が他人を苦しめることはできず、他人が自己を苦しめることもできない。あらゆる苦悩は、それぞれの人間の妄想から生まれた苦悩である。したがって、精神主義の実践を進めていくことで、自分の立脚地が明確になってくれば、そうした幻影に過ぎない苦悩は、次第に消滅していくのである。

†「精神主義」の処世術

精神主義は、過去のことに対しては「アキラメ主義」である。現在のことに対しては「安住《あんじゅう》主義」である。未来のことに対しては「奮励《ふんれい》主義」である。

私たちが過去に向き合うとき、楽しい思い出に浸《ひた》って心がぼんやりする場合と、苦しい思い出にのたうち回る場合とがある。前者の場合は、慢心や怠惰が生じ、後者の場合は、泣きそうになったり恨みがましくなったりする。

こうした状況に対して、精神主義は、一方では、楽しみにせよ苦しみにせよ、どちらも主観的な現象なのだから、自由に転換することが可能なのだと知らせてくれる。また一方では、うまくいったことも、いかなかったことも、どちらも無限からの働きであることを知って、ともに意味があることに気づかせてくれる。そうなると、ほうけた心もつらい心も自然と消滅して、傲慢や怠惰や、悲しみや恨みなどが生じなくなる。

これが、精神主義の過去に対する「アキラメ主義」である。こうして慢心から解放された人間には、懺悔《ざんげ》の心が生じる。また、悲痛から自由になった人間は、感謝の念を発するだろう。

とはいえ、過去に心を傾けてばかりいるのは、精神主義の本来的な趣旨とは違う。そうではなく、現在の安住こそが、精神主義の中心である。

現在において無限が実現されていることに気づかなければ、過去においてもそうであったことを信じることができない。また、未来がこの現在の信念によって決定されることも理解できない。そして、無限を知り、常に信念を発揮させるためにも、精神主義は、あえて客観主義をとらず、主観主義を唱える。

すなわち、精神主義では、人類をはじめとする生物は、解剖・分析してみればすべて物質の集合体に過ぎないことがわかるといった客観的な説明からは、安住が得られるとはしない。あるいは、社会や国家を優先させて、自分のことを忘れてしまう信条も、安住を与えてくれるものとはしない。

そうではなく、自己の精神を第一義とし、その精神が現在の境遇に満足して、自由自在に活動するところに、私たちは安住することができると主張する。そして私たちは、自己の精神が無限の慈悲の光に包まれることがなければ、こうした満足や自由を得ることができないと断言するのである。

そのような安住の境地にあって初めて、人は何かを十分になすことができる。逆に、常に戦々恐々《せんせんきょうきょう》として不安に駆られていては、何もまともにできはしない。心中に不足や不平があるときには、私たちの活動は麻痺する。それに対して、満足と平安があれば、活動に大いにはげむことができる。

精神主義の指導によって、現実に満足と安住を得られれば、自然に活発な行動を起こすことができる。人間にとって自由な活動とは、これにほかならない。すなわち精神主義は、未来に対する「奮励主義」なのである。

†倫理を超えるもの

精神主義において、倫理の問題はどのように位置づけられるのだろうか。

倫理とはまずもって人倫のことであり、人と人との関係を正すものである。その最大のものが、主君に対する忠義と、親に対する孝行の二つである。それ以外にも、兄弟姉妹や友人たちとのあいだなど、人と人との関係のあるところには、それぞれの倫理があるはずである。だが、それらは忠と孝には到底及ばず、忠孝の倫理はきわめて尊重されている。それゆえ、主君への忠と親への孝のどちらを採るかで難儀して、自らの死を求めるまでした、平重盛《たいらのしげもり》のような人もかつていた。

だが、倫理というものは、そもそも、人と人との関係に成立するものであるから、どれも皆、相対的で有限なものである。忠孝がどれほど大切だと言っても、それもまた有限なものである。だから、忠と孝という有限なもの同士が背反しあうのである。もし忠か孝が無限であれば、そのどちらかにすべての道徳が帰結するのであり、そこでは倫理的な葛藤は起こらない。

しかし、繰り返しになるが、倫理は人間関係を根拠にしているので、それだけでは決して有限の範囲を脱することができない。忠孝は最も大切な倫理であるとは言えるが、それでも忠孝が無限であるとは言えない。したがって、無限は倫理に基づくものではなく、逆に倫理的な行為が、無限という倫理以上の根拠に基づくものでなければならない。

私たちの実際的な行為は、主君に対する場合もあれば、親に対する場合もある。兄弟姉妹に対する場合もあれば、友人に対する場合もある。その他、国家に対する場合もあれば、社会に対する場合もある。対する相手がいろいろと異なるので、道徳にもいろいろある。そのように説くのが倫理の説明である。

だが、これはあたかも、鏡に映る物を列挙しているようなことである。鏡に映っている物に様々な区別があっても、それを映す鏡の作用は、常に同一である。同様に、私たちが向き合うことになる倫理の対象はいろいろと異なるが、それらに向き合う私の精神は、常に同一である。対する相手が、主君だろうと、親だろうと、兄弟姉妹だろうと、友人だろうと、ただ、私の心のなかに獲得した無限の光によって照らされるのである。

この無限の光に照らされれば、その対象が主君であれば、その主君が無限の主君となり、親であれば、その親が無限の親となる。その対象が国家であれば、その国家が無限の国家となり、社会であれば、その社会が無限の社会となる。

そういった具合に、私がひとたび自己の心に無限の光を獲得したならば、その精神の発動するところに、常に無限の次元が認められる。そして、どんな道徳的な行いでも、何に遮られることもなく遂行される。

そうした無限の光は、倫理以上の根拠である。この根拠がなければ、私たちの倫理的な行為は、迷いや戸惑いから脱却することがまずできない。

†晩年の信念の告白

「我信念」の清沢は、自己の迫り来る死を意識してのことなのか、自らの信仰の実情について、ひたすら告白するかのような表現をしている。そこには、以上に見てきた哲学の論説や「精神主義」運動の言葉とは、一定のつながりを有しながらも、しかし微妙に異なる彼の思想が垣間見える。

いわく、私の信念とは、言うまでもなく、（阿弥陀）如来を信じるところの私の心のあり様である。そして、私にとって、信じることと如来とは、異なる二つの何かではなく、まったく一つのことである。

私が如来を信じることで、どのような効能があるか。私の悩みや苦しみが払い去られる。外部からの刺激や周囲の事情のために、私が悩み苦しんだりする場合も、この信念が心に現れているときには、たちまち安楽と平穏を得ることができる。信念によって私の心がいっぱいになり、他の妄念や妄想が生じる余地がなくなるからである。

私のように病気のせいで感情が過敏になりがちな人間は、この信念がなければ、非常な悩みや苦しみから自由になれなかっただろう。あるいは、健康な人でも苦悩が多ければ、やはり是非ともこの信念が必要だと思う。

私が如来を信じるのは、しかし、こうした効能があるからだけではない。私が如来を信じるのは、それが私の智慧の行き着いた果てだからである。真面目に人生の意義について考え尽くした結果、遂に人生の意義は「不可解」であるという結論に到達した。その結論に従って、私は如来を信じるようになった。

私の信念には、一切のことについて、私の自力が無効であることを信じる、という点がある。この信念に達するまでは、宗教的信念についてあれこれと思案をめぐらせていた。だが、そうした思い込みは、次から次に打ち壊されていった。論理や研究で宗教を構築しようと思っているうちは、こうした難を逃れることができない。

何が善で何が悪か、何が真理で何が非真理か、何が幸福で何が不幸か、何一つとしてわからない。私には何もわからない。そうなったところで、何もかもを如来に頼るということになったのが、私の信念の大要点である。

何の力もない無能な私をして、私たらしめてくれる能力の根本、それが如来である。それがなければ、右も左もわからず、前へも後へも進めない。そんな私をして、こだわりのない落ち着いた気分で、この世界で生き、そして死んでいくことを可能にしてくれる能力、それが如来である。

このように、私にとって如来とは、無限の慈悲であり、無限の智慧であり、無限の能力である。

私の信じる如来は無限の慈悲であるから、来世を待たず、現世において大いなる幸福を私に与えてくれる。私はほかのことからも多少の幸福を得られるが、けれどいかなる幸福も、信念の幸福に勝るものではない。この幸福を、私は毎日毎晩、経験しつつある。ただし来世の幸福については、私はまだ経験したことがないので、何も述べることはできない。

私にとって如来は無限の智慧であるから、常に私を照らして、誤った知見による迷妄から抜け出させてくれる。私は習慣的に、知らず知らずのうちに、研究だの考究だのと、無駄な議論をしがちである。ときには、有限な思弁によって、無限の実在を論じようとすら試みてしまう。しかし、信念が確立することの幸福は、たとえこうした迷妄に陥ったとしても、すぐにその無謀さを反省して、無用な議論を放り出すことができることにある。

私にとっての如来は無限の能力であるから、信念によって、大きな力を私に与えてくれる。私たちは通常、自分の思慮や分別によって何をするかを決めていく。だが、少し複雑なことになると、そうした思慮や分別がうまく働かなくなる。何事に対しても決められず、身動きができなくなり、「不可能」と嘆くことになる。

私もこの「不可能」のために非常に苦しんで、そのまま苦しみ続ければ、とっくに自殺していたかもしれない。だが、私は如来を信じることでこの苦しみから脱し、今日の安楽と平穏とを得ている。

如来はいかにして、この私に平安を与えたか。ほかでもない、一切の責任を引き受けてくれることによってである。いかなる罪悪も、如来の前では決して差し障りがない。それゆえ、私は善悪についてあれこれ判断する必要がない。何事においても、私はただ自分の気の向くところに従い事を行うので構わない。その行いが過失であろうと罪悪であろうと、少しも懸念する必要はない。如来が私の一切の行為について責任を負ってくれるからである。私は、私の生と死の一大事をこの如来に託すことで、少しも不安や不平を感じることがないのである。

3　哲学と信仰の境界

†日本における宗教哲学の先駆者

清沢の思想は、大きく「前期」と「後期」に分かれる、とよく言われてきた。「前期」は西洋哲学の研究と、独自の宗教哲学の構築が中心。「後期」は哲学よりも信仰のほうに傾斜し、特に弟子たちと始めた「精神主義」の運動において、彼の思想は頂点を迎える、といったような理解である。

こうした哲学と信仰の「前期／後期」説は、近年、いささか図式的に過ぎるとして、疑われてきている。むしろ、清沢の思想にある種の一貫性を認め、そうした視点から、清沢の哲学や仏教（宗教）論を見直していく議論が盛んである。特に、彼を近代日本の非常に優れた哲学者の一人として再評価していこうとする研究者たちのあいだでは、そうした傾向が強く見られる。

そのような動向を導いた大きな要因が、西洋哲学や現代思想の研究者である、今村仁司《いまむらひとし》による清沢論であったと思われる［今村二〇〇四］。今村は、清沢を「宗教家」ではなく徹底して「哲学者」として理解しようとし、清沢の哲学の世界的なレベルでの重要性を強調したのであった。

こうした今村の清沢論それ自体は、他の哲学研究者などからは、あまり支持されることはなかったようである。とはいえ、彼の死去（二〇〇七年）の後も、複数の研究者らのあいだで、清沢の哲学の性格についての検討が引き続き進められている。

清沢は、明治中期において、当時はまだ翻訳書も解説書も十分には存在していない西洋哲学を、独自に研究し、その成果を講義などで学生らに披露していた。のみならず、それを自己の宗教哲学の構築のために柔軟に応用していた。近代日本において、西洋哲学の研究とその独自解釈に挑んだ人物として、彼は明らかに先駆的な存在の一人であった。

たとえば、清沢は『宗教哲学骸骨』などにおいて、独特の哲学的な「霊魂（不滅）論」を唱えていた。その論を組み立てる上で、彼はドイツのカントやエドゥアルド・フォン・ハルトマン、井上円了も影響を受けたイギリスのスペンサーの哲学を、原書を精読した上で、巧みに援用していた［MARTI-OROVAL 二〇一二］。その西洋哲学の理解の仕方には、今日の目から見てもかなり興味深いところがある。

清沢がいかにして西洋哲学を咀嚼《そしゃく》し、解釈していったのかという問題については、最近になりようやく本格的な解明の作業が始まったばかりである。清沢の仏教思想における哲学の位置、あるいは清沢の宗教哲学における仏教の意義については、現在、詳細な研究の途上にある。いずれ、その全貌が明らかになってくるだろう。

†西田幾多郎との共通性

清沢の哲学は、また、日本固有の哲学の代名詞とも言うべき、西田幾多郎の思想とも共振し合うものであった〔藤田二〇一五〕。清沢より七歳年下の西田は、清沢の書いた文章を読み、また清沢の友人との接点があったことなどから、清沢の思想をよく理解し、この思想上の先達に対して大いに共感していたようである。哲学と宗教に強い関心を抱き、自らの実存をかけてその関係性を問い続けた近代の知識人として、両者の思想には、ほとんど必然的とも評しうる共通性が見られる。

たとえば、西田はその初期の論考において、宗教が宗教である理由は、私たちが有限の世界を超えて無限の世界に入り、絶対的なものと一つになることにある、と述べていた。また、有限から区別された無限は真の無限ではなく、無限とは有限のなかにあり、したがって、神は宇宙の外にではなく、この変化してやまない宇宙のなかにあるに違いないとも西田は述べていた。こうした西田の見解が、『宗教哲学骸骨』での清沢の思想と瓜二つであることは明白だろう。

しかしながら、清沢と西田とでは決定的な違いもあった。その相違を端的に表現すれば、前者が究極的には仏教者であったの対し、後者はどこまでも哲学者であった。

清沢は、哲学的な考察を好んで行いながらも、自己の最終目標を、あくまでも精神の「安住」においた。人間が絶対的に安心して生きるための根拠の探究こそ、清沢の生涯の課題であった。

西田の場合は違う。彼のよく知られた著作である『善の研究』では、「安心立命《あんしんりつめい》」を宗教の目的とすることに対し、はっきりと否を唱えている。西田は、「安心」は宗教の結果であって、その目的では断じてないと言う。そうではなく、彼は、自己の小さな意識が「宇宙的精神」をありありと経験し、そうすることで「生命の革新」を達成すること、そこにこそ宗教が求められると主張した。

西田にとって宗教は、「生命の革新」という彼の哲学の目標を強く方向付けるものではあれ、そこに「安住」して終わるものでは決してなかったのである。

とはいえ、清沢と西田が、どちらも、常に自らの宗教的な信念との緊張関係において、自己の学問的な語りを提示し続けた人物であったことは疑いない。彼らの学問は、その大部分が、彼らの宗教的な信念を抜きにしては成立しないタイプのものであったように思われる。

自己の信念に生きた彼らは、その信念をそのまま素朴に表白するのではなく、学問的に可能な限り緻密かつ正確に表現するための努力をし続けた。清沢の場合、この点も晩年の「我信念」などではやや異なる色彩を帯びてくるが、それでも、彼が学問へのこだわりを完全に放棄することは、最期までおそらくなかったように思われる。

宗教を、自らの実存や信念から遠く離れることなく、なお学問的に語っていくとはいかなることか。清沢と西田は、近代日本という時代において、こうした主題に率先して取り組み、偉大な成果を残した、希有な二つの人格であった。

†制度改革から精神の探究へ

清沢の学問に対する強固なこだわりは、また、失敗に終わった大谷派の教団改革運動を、強力に動機づけたものでもあった。前述のとおり、この改革運動を導いた当初のねらいは、教団の当局者が「教学」を軽視していることに対し、その振興を求めたことにあった。宗派の信仰と教えを学問的に豊かにしていくことなしに、教団の望ましい未来はありえない。それが、清沢ら改革運動の旗手たちの、根本的な考えであった。

だが、この改革運動は、単に宗派の信仰と学問を盛り上げることを求めるだけの、精神論にのみ終始するものでは断じてなかった。それは同時に、具体的な制度改革論とも密接に連動していたのである［繁田二〇〇八］。

教団の体制を、あくまでも信仰と学問を中核としたそれへと変革していく。その目標を達成するためにも、清沢たちは、現状の集権体制の打破に向けた、宗派内における新たな議会と行政の仕組みを提案した。また、彼らは自説を普及させるための新聞・雑誌の発行や、全国各地での演説会の開催、さらには署名運動の推進など、近代的な政治運動の手法を貪欲に援用していった。

ある仏教教団の理想の姿を夢見たその運動は、学問や信仰をめぐる理想論だけでなく、教団の制度を一新するための、ごくごく実践的な活動によっても確かに裏付けられていたのである。

しかし、運動がやがて終息に向かっていく過程において、そうした制度論的な提言が、清沢ら運動の指導者たちのあいだでは、次第に省みられなくなっていった。それに代わって、「精神的改正」といったような精神論のほうに、彼らは傾いていった。運動の終了後の清沢が、これからは「信念の確立」に尽力したいと述べていたことは、既述のとおりである。

その「信念の確立」において重要な役割を果たしたのが、彼の日記『臘扇記《ろうせんき》』における内省的な思索の営みであった［名和二〇一四］。この日記への数カ月に及ぶ記述を通した、思考の熟成を一つの大きな契機として、清沢は、自己の信仰がいかなるものであるかに対し、きわめて意識的になっていくのである。

古代ギリシャのストア派の哲学者エピクテトスの語録に多大な示唆を受けながら展開されていったその思索は、清沢が以前から論じていた有限と無限との関係を、哲学的な一般論としてではなく、自らの身体と精神において受け止め直すことにより、深まっていった。有限と無限という枠組みはそのままに、しかし有限と無限の関係をめぐる問いを、抽象的な理論としてではなく、「自己とは何か」という具体的な我がこととして発していくこと。そうした問いのスタイルの転換の果てに、清沢は、有限な自己とは、無限という不可思議な力の導きによって、自然に、あるがままに生き続けていくものだ、という確固とした信念の境地へと到達したのである。

†宗教運動としての「精神主義」

こうして確立された清沢の信念は、しかし、彼一人の語りとしてではなく、「精神主義」という、彼の弟子たちと共同で進められた宗教運動を通して、世の中に広まっていくこととなった。

それは共同的な宗教運動であったから、「精神主義」の清沢の思想には、弟子たちの思想がときに混入していた。思想の表現形態としては、たとえば、清沢の名義で執筆された文章が、弟子の手による加筆・修正、さらには創作すら入ったかたちで、雑誌『精神界』に掲載され、読者のもとに届くようなことがしばしばあった〔山本二〇一一〕。すなわち、晩年の「精神主義」の清沢は、弟子たちとともに自らの思想の表現に挑んでいったというわけである。そこでの清沢の発言は、自己の内面や少数の人々のあいだにのみ閉じられた言葉ではなく、一つの開かれた宗教運動を駆動するための言論として差し出されていた。

そのようにして提示された清沢の思想に、哲学を論じる清沢の思想との一定の距離があるという事実は否めない。何より、宗教哲学を論じる際には注意が向けられていた、「自力門」と「他力門」の相違という論点が、「精神主義」ではほぼ消失している。代わって、ひたすら他力＝無限とともに生きることの意味が強調されるかたちとなった。

哲学を論じる清沢は、「自力門」と「他力門」は決して両立しない二つの道であり、個々人においてどちらか一方が選び取られる、と述べていた。彼は、この自らがかつて提示した理論を、彼の弟子たちとともに実践していたのだと言えるかもしれない。むろん、「他力門」のほうを選び取ることによってである。

とはいえ、「精神主義」の清沢が、それまでに築き上げてきた哲学を完全に放棄し、ただ信仰に生きる宗教家に転身したのかと言えば、そう簡単な話でもない。「精神主義」の清沢の言葉が、仏教の信仰、とりわけ彼が身を捧げた真宗の信仰に裏打ちされた表現であったことは、あまりにも自明である。だが一方で、そこでは、伝統的な仏教の言葉を用いることが極力控えられており、自説を展開させるための論理にしても、従来の僧侶による説法とはかけ離れている。仏教に関する日本語の未知なる更新がそこで行われていることは間違いなく、ゆえに、「精神主義」は時代を画する仏教思想の一つとなりえたのである。

そうした仏教をめぐる日本語の更新は、清沢による哲学的な思弁を抜きにしては、ありえなかった。正しい信仰の道筋を定めるためにこそ、合理的な思考に依拠するのだという、彼の初期からほぼ一貫したスタンスを抜きにしても、おそらく、ありえなかった。

ただ、そうした徹底した思弁が、宗教の一般論ではなく、ほかならぬ自己の信仰を語ることに注がれるようになった。それが、哲学と信仰の境界を生き抜いた清沢の、晩年のとりあえずの着地点であったとは言えそうである。

†哲学の追求と信仰の受容

清沢による徹底した思弁は、遂には、思弁による思弁の否定として、「我信念」に行き着いた。

そこには、宗教や信仰について、ついつい理論的に考察してしまう自らの習慣について、ついつい批判的に考察してしまう清沢がおり、そして、その種の考察から自己を解き放ってくれる如来の智慧に対する、彼の無条件の信頼があった。そこには、自分の頭で考え続けることの困難さについて考え続ける清沢がおり、そして、考え抜いた果てに選ばれた自己の行動の責任を、如来に託して絶対的に安心している彼がいた。

それは、いわば哲学的な追求の終着点としての、信仰の受容による思弁の否定、とでも評すべき事態であった。

そこでは、かつての清沢が執心した哲学的な思弁の意義が、明らかに低く評価されてはいる。だが、そうした見識に至るまでに彼が遂行したのも、ほかならぬその哲学的な思弁なのである。清沢は、こうした哲学と信仰の微妙なダイナミズムを、自らの身をもって生き死んだ。

彼の影響下で自己を確立していった後輩や弟子たちのなかには、だが、清沢が生きた哲学と信仰の境界からは、微妙に離れていく者も少なくなかった。彼らは、哲学的な追求の果てに信仰を受容することで思弁を否定するのではなく、何よりもまず信仰の受容を重んじながら、その下位に哲学や思弁というものを位置づけていった。

このうち、清沢の後輩である近角常観《ちかずみじょうかん》は、清沢と同じく宗教哲学から出発しながらも、清沢とは異なり、信仰の価値を称揚するためにこそ、哲学からは遠ざかっていった。また、清沢の弟子である暁烏敏《あけがらすはや》は、清沢が愛した学問を自らの信仰の内に解消していき、その信仰によって自己の生を肯定するための新たな思想の探究を試みた。

仏教と哲学の距離を意識し始めた彼らの思想は、しかし、哲学以前の仏教に回帰していくようなものではまったくなかった、彼らはそれぞれ、哲学とは異なるものによって、仏教に新たな生命を吹き込んでいったのである。そして、そうした彼らによる変革を通して、仏教はやがて近代日本の教養文化のなかに定着していくことになる。

第三章

宗教体験と伝統――近角常観

近角常観(1870-1941)

1　信仰による社会形成

†仏教青年の誕生

近角常観《ちかずみじようかん》（一八七〇―一九四一）は、信仰とともにあった。親から授けられた真宗の信仰とともにあった。青年時代に、その信仰の意義を体験的に理解し、それからしばらく後に、自己の信仰について鮮烈に語る宗教家として台頭した。宗教家としての彼の歩みは、おおよそ順風満帆であった。だが、ある事件をきっかけとして、自身が属する宗派を二分するような運動に挺身《ていしん》していった。晩年の彼には、辛い出来事が続いた。それでも、信仰とともに生き、信仰とともに死んだ。こうした近角の実に一途な生涯を、まずは簡単に振り返っておこう［岩田(文)二〇一四、碧海二〇一四］。

一八七〇（明治三）年五月二四日、近角は近江国浅井郡延勝寺村《おうみのくにあざいぐんえんしようじむら》（現・滋賀県長浜市湖北町延勝寺）の、真宗大谷派の西源寺《さいげんじ》の長男として誕生した。父は同寺の一二代目住職の常随《じようずい》。母は近角が三歳のときに死亡しており、本名はわからない。父はその後、後妻として雪枝《ゆきえ》を迎えた。近角はこの両親をひたすら信頼し、敬慕し、親孝行に努めた。

一八八三（明治一六）年、近角にとっては異母弟となる常音《じょうおん》が生まれた。彼は、後に兄の宗教活動を支える重要な存在として、献身的な働きをしていくこととなる。

近角は、彼の父から真宗の教えを伝授された。幼少期から真宗の基本的な経典の読み方を教わり、真宗僧侶としての基礎を学んだ。近角は、長じて、自分の信仰はすべて父親から授かったものであると、たびたび語るようになる。

後述のとおり、近角は自己の布教活動において『歎異抄《たんにしょう》』を重んじ、また信徒とともに各自の信仰を語り合う場を重視していく。彼がそうした布教・教化の方針をとった理由としても、この父親から受けた影響が少なくない。

一八八五（明治一八）年、近角は、大谷派の育英教校の系譜を引く京都の学校に入学した。同校は、三年後に京都府立尋常中学校に移された。そして、同校の校長に就任したのが、前章で述べたとおり、清沢満之であった。

同校を卒業後の近角は、清沢の推薦により大谷派の東京留学生に選ばれ、一八九〇（明治二三）年に第一高等中学校（後の第一高等学校）の予科に入学した。三年後、さらに本科に進み、一八九五（明治二八）年に卒業。同年九月に帝国大学（後の東京帝国大学）の文科大学哲学科に進学し、清沢と同様、主として宗教哲学を学ぶようになった。

学生時代の近角は、勉学と並行して仏教青年会の活動にのめり込んでいった。ちょうど近角が東京に留学した頃、各地で勃興し始めた仏教青年会の連合組織である「大日本仏教青年会」が創設された（一八九二年）。近角は早いうちから、同会の運営において中心的な役割を果たしていたようである。

こうした仏教青年としての活動の延長上であろう、近角は、清沢らが主導した大谷派の宗門改革運動に、学業を中断して参加した。ここでも、東京を拠点とする改革派の一人として大活躍したらしい。

一八九七（明治三〇）年二月、この改革運動がおおよそ挫折するかたちで一段落したのを機に、東京での学業に復帰しようとした近角は、だが、思いもよらないような深刻な苦悩に襲われることとなった。

†回心体験と政治実践

他人とうまくつきあえない。それが近角を苦しめた悩みであった。生来の世話好きから周囲の人間関係の調整に取り組んだが、うまくいかず、次第に人間不信に陥り、自己嫌悪に苛《さいな》まれた。ストレス解消のために飲食や酒におぼれるが、まったくもって気が晴れない。心の乱調により自殺願望すら抱き、遂には精神の疲弊が身体の病苦をもたらす。腰部に激痛が走り、皮肉の下が膿み出した。こうして「ルチュー」という難病をわずらった近角は、郷里の長浜病院に二週間ほど入院することとなった。

退院後、追っての治療のために病院に行ったときの帰り道、彼はふと、青空を見上げた。彼はそこに仏を感じた。なぜか心が晴れ晴れとした。仏教とは何なのかを、身体の芯から理解した。その後、病気も完治した。これが近角の後の人生を決定づけた、いわゆる回心の体験である。一八九七年九月一七日のことであった。

翌年、大学を卒業した近角は、大学院に進学し、宗教哲学の研究を続けようとした。だが、その研究は長続きすることはなかった。宗教をめぐるより実際的な活動のほうに、彼の関心や時間が注がれていくようになったからである。

一八九八（明治三一）年九月、巣鴨監獄教誨師《すがもかんごくきょうかいし》事件が起こる。これは、同監獄にキリスト教徒の所長が着任した際、大谷派僧侶であった教誨師三名の辞任を求め、代わりにキリスト教の牧師を新たに採用したことから、仏教界が猛反発した事件であった。

近角は、その翌月に発足した仏教徒国民同盟会（後、大日本仏教徒同盟会）の主要メンバーの一人として、この仏教側からの反対運動に加わった。運動は功を奏し、大谷派の教誨師二名が改めて任用されることとなった。

一八九九（明治三二）年一二月、今度は第一次宗教法案をめぐる問題が起こる。これは、同月に第二次山県有朋《やまがたありとも》内閣が貴族院に対し、宗教に対する監督の強化を目的とした宗教法案を提出したことから生じた問題であった。同法案は、国家による宗教活動への干渉と受け取られた。のみならず、そこでは仏教とキリスト教が同等に扱われていたことから、仏教界が、なぜ日本の伝統宗教である仏教と、最近になって日本に入ってきたばかりのキリスト教とが、同列に管理されなくてはならないのか、と激しく反発した。

この問題の渦中で近角は、欧米の宗教法を広く学ぶことで理論武装しながら、仏教界を代弁するような説得的な熱弁を振るった。そして、同法案の否決に大いに貢献することとなった。

†欧米視察とキリスト教の学び

宗教法案に対する反対運動で大活躍した近角は、大谷派の執行部から高く評価されるようになった。政府批判を公に繰り返したことから、大学院は退学することになるも、後に彼の布教活動の拠点となる本郷区（現・東京都文京区）の土地を宗派から提供された。のみならず、将来のために欧米の宗教事情を視察してくるよう、宗派からの特別指令を与えられた。

一九〇〇（明治三三）年四月、横浜港から出港した近角は、北米のバンクーバーに上陸し、陸路でシカゴに到着した。同地でキリスト教青年会（YMCA）による社会福祉活動を視察した後、ニューヨークやフィラデルフィアなどを回り、各地でキリスト教による諸活動や、アメリカの感化事業の実態などを見聞した。

翌月にイギリスに向かった近角は、ロンドンにおいて、イギリス国教会のあり方を中心に、同地の宗教状況を詳細に観察した。また、当時オックスフォード大学にいた晩年のマックス・ミュラーを訪れ、一時間ほど面談し、日本仏教のゆくえなどについて語り合った。七月、近角はフランスに渡ったが、ちょうど同時期のパリでは第五回万国博覧会が開催されていた。彼はパリで社会福祉事業に関する国際会議に出席して議論し、さらに宗教史研究の国際学会にも参加して、「日本仏教の史的大勢」と題した学術発表を行った。九月、近角はドイツに移り、シュトゥットガルト、ミュンヘンなどを遍歴した後、続けてオーストリアのウィーンやハンガリーのブダペストにまで脚を伸ばした。これらの都市で、教会の日曜礼拝に参加して牧師たちと面談し、また各種の社会事業の施設（寄宿舎、貧民救済院、孤児院など）を訪れたりした。

さらに、ベルリンに滞在していた一九〇一（明治三四）年四月には、同地で釈迦の誕生会を「花祭り」と名付けて盛大に執り行った。これは、西本願寺から派遣され同じくベルリンに滞在していた薗田《そのだ》宗恵《しゅうえ》と近角が中心として企画したもので、同時期にドイツに留学していた宗教学者の姉崎正治《あねさきまさはる》や憲法学者の美濃部達吉《みのべたつきち》らも、発起人として名を連ねた。

一九〇二（明治三五）年三月、近角は日本に帰国した。出国からの約二年のあいだに、彼が欧米におけるキリスト教の宗教活動や社会事業から学んだことは、多大であった。彼のその後の布教・教化活動は、明確にキリスト教のそれをモデルとしていた。キリスト教を、日本の宗教界において打倒すべき宿敵として意識しながらも、一方で、仏教（真宗）を改良するための有効なヒントを与えてくれる好例として、積極的に評価するようになったのである。

†東京での学生・信徒の育成

欧米視察からの帰国後、近角の本格的な宗教活動が開始された。一九〇二年六月、東京帝国大学からほど近い本郷の土地に、学生寄宿舎である求道学舎《きゅうどうがくしゃ》を開設。そこで帝大生や第一高等学校の生徒らと寝食をともにしながら、彼らを感化した。

また、この求道学舎のスペースを会場として、日曜日ごとに講話会を開くようになった。近角は、この日曜講話に集まってきた学生や信徒たちに対して、自らの回心の体験を繰り返し語り、また『歎異抄』を中心的なテキストにしながら、親鸞の思想や真宗の教えを丁寧に説いていった。

日曜講話の後には、学生をおもな参加者とする「信仰談話会《しんこうだんわかい》」が開かれた。これは、参加者が自らの信仰について語り合う場であり、いわゆる体験談のための集会であった。近角は、自身が仏教によって救われた体験を語ることを好んだと同時に、学生や信徒たちにも、彼ら自身の体験談を語らせることを好んだ。こうした宗教体験の語り合いの実践は、近角による宗教活動の一つの核となった。

信徒たちによる体験談は、談話会の場のみならず、近角が発行していた雑誌のなかでも披露された。一九〇四（明治三七）年二月に発刊された雑誌『求道《きゅうどう》』（一九二二年まで刊行）には、「告白」という欄が設けられていた。そこには、信徒たちが自ら執筆した、彼らの回心や救済の過程についての体験談が掲載された。この「告白」欄の体験談は、その文字数の合計が、しばしば雑誌の主筆である近角による著述のそれを超えて、『求道』の誌面の半分以上を占めることもあった。

こうした雑誌上での信徒による体験談の企画は、明治期ではキリスト教界が先駆けていた。また、少し後に大衆運動として隆盛してくる新宗教の教団においても、その布教・教化の方法として、信徒の体験談が積極的に採用されるようになった。しかし、当時の仏教界においては、やや珍しいタイプの取り組みであった。

一九一五（大正四）年一一月、求道学舎の隣接地に、近角の宗教活動のもう一つの拠点となる、求道会館《きゅうどうかいかん》が創設された。会館の設計を引き受けたのは、近代建築を代表する人物の一人、武田五一《たけだごいち》であった。武田は、当時の最新の建築技術を駆使する一方、ヨーロッパの教会建築をベースに日本の社寺建築のモチーフも応用することで、非常に斬新なデザインの会堂を設計した。

求道会館の創設の背景は、次のとおりである。すなわち、近角の布教活動が開始されてから間もなく、彼の講話を聴きに来る信徒の増加によって、学舎のスペースでは聴衆を収容しきれなくなった。一方、近角は前々から、従来型の寺院とは異なる、キリスト教の会堂のような説教用の施設を、近代日本の中枢である東京に建設することを願っていた。そこで各方面からの寄付を募り、構想から一〇年以上を経てようやく完成したのが、求道会館であった。

この求道会館や求道学舎で近角の説教を聴き、感化された人物は、実に多方面に及んだ。たとえば、哲学者の三木清《みききよし》や谷川徹三《たにかわてつぞう》、教育学者の福島政雄《ふくしままさお》、精神分析学の古澤平作《こさわへいさく》、あるいは伊藤左千夫《いとうさちお》や嘉村礒多《かむらいそた》のような作家たちや、さらには右翼思想家の三井甲之《みついこうし》などが、比較的著名なところだろう。

こうした学問や思想に関係した人々だけでなく、実業界において活躍した人物のなかにも、その青年時代に近角に教えを請うたり、学舎生として彼と共同生活をした者は、少なくなかった。

†「句仏事件」と晩年の苦難

こうして、明治後期から大正期を通して、青年層を中心として信徒を順調に増やしていった近角であったが、昭和期に入ってすぐ、布教活動に専念できなくなるような事件に直面することとなった。いわゆる「句仏《くぶつ》事件」である。

句仏とは、真宗大谷派の第二三世法主、大谷光演《おおたにこうえん》のことである。句をよく読んだため、その俳号から「句仏（上人）」と称された。真宗の開祖である親鸞の末裔《まつえい》の一人であり、東本願寺の住職であり、そして大谷派の頂点にあった彼は、だが、各種の営利事業の失敗や、放漫な財務運営により、宗派を危機に追い込んだ。それゆえ、一九二五（大正一四）年一〇月、長男に法主の地位を譲り、また、翌年一二月には破産宣告を受けるに至った。

一九二九（昭和四）年四月、すでに十分に不名誉を負っていた句仏に対し、追い打ちをかけるように僧籍削除という重罰が宗派から科せられた。これは、親鸞の血統を継ぐ前法主が「破門」されるという前代未聞の事件であり、世間でもセンセーショナルな出来事として受け止められた。

この僧籍削除より以前から、近角は、敬愛する句仏の立場を案じ、彼を擁護する発言を行っていた。それゆえ、彼はこの「破門」の知らせを聞いて激高し、宗派に対する反対運動を全国の同志たちとともに開始した。句仏の僧籍復帰と、宗派当局に対する徹底的な批判を目的としたこの「宗門革新運動」により、近角もまた、僧籍剥奪の厳罰を被ることとなった。

だが、近角たちの主張は次第に仏教界や世間に受け入れられていき、一九三五（昭和一〇）年一月には、句仏の僧籍復帰が認められた。また、翌年には近角の僧籍復帰もなり、事件は一件落着となった。

しかしながら、この事件は、宗派当局の支持派と法主の擁護派とのあいだで、宗派を二分するような大騒動として展開されたため、事件の終息後も、近角をめぐる宗派内での人間関係に少なからぬしこりを残す結果となった。また、近角は運動のさなかの一九三一（昭和六）年一一月、脳溢血で倒れ、半身不随の状態になるなど、心身ともに厳しい状況が続くようになった。

一九三八（昭和一三）年一〇月には、さらに悪いことに、彼の後継者として期待されていた長男の文常《ぶんじょう》が、中国廬山《ろざん》において戦死した。この出来事は近角にとっては大きな衝撃であったようであり、その後、彼は公の場からは次第に退いていった。

一九四一（昭和一六）年一二月三日、近角は往生した。その日、傍らで彼を看取った弟の常音が、「どこまでも見捨てることのないお慈悲ばかりでしょう」と叫ぶように問うたのに対し、何も答えず、ただ「南無阿弥陀仏」と繰り返し念仏を唱えていたと言う。そして、その念仏の声が途切れたのと同時に、こと切れた。享年、七一歳。仏教の伝統をその身に体現しながら、近代社会を生き抜く上で必要な信仰の意義を、何度も、何度でも語り続けた一生であった。

2　伝統仏教を体験する

†信仰体験のテキスト

近角の仏教思想の核心は、間違いなく、彼自身の体験に基づく鮮烈な信仰の物語にこそあった。それゆえ、彼の思想の魅力は、円了や清沢とはやや異なって、書物に記された言葉だけでは十分に伝わりにくいところがある。

理論的な明晰さや深みよりも、体験談とそれに付随する信心の語りの鮮明さのほうが、近角のいわば「売り」であった。ゆえに、その本領は文章よりもむしろ、講話や談話会などの場において十全に発揮された。実際、近角の神がかった説法を聴いたり、直接対面して教えを受けたりしたことで、一瞬にして信仰に目覚めた人々が、多数いたようである。

とはいえ、近角の著書を読むことで仏教に開眼した者も、決して少なくはなかった。なかでもよく読まれていたのが、『信仰之余瀝《しんこうのよれき》』と『懺悔録《ざんげろく》』という二冊の書物であった。『信仰之余瀝』（一九〇〇年）は、近角が青年仏教徒の仲間たちと発行していた雑誌『政教《せいきょう》時《じ》報《ほう》』で連載していた文章を、彼の洋行中に仲間たちが編纂し刊行した本である。その趣旨は、近角が大学時代に獲得した信仰の内実を率直に語りつつ、現代人にとっての信仰の意味やその深め方を論じていく、といったものである。

連載の執筆当時、近角は大学院に在籍していた。だが、このときにはすでに専門の宗教哲学の研究からは離れ始めており、より実践的な宗教活動に対する意欲が、彼の胸の内では燃え上がっていたようである。

それゆえ同書では、宗教を哲学などの「理屈」で語ることに対する懐疑の念が表明されている。他方で同時に、自身の信仰の内実についてどう考えるかという問題に関して、彼は相応に理論的な考察も行っている。

学問（哲学）と信仰の境界に身を置きつつ、最終的には後者の側につくという同書における近角のスタンスは、晩年の清沢満之を想起させるものである。実際、同書に序文を付したのは清沢であり、清沢は、この本の著者は信仰告白に注目が集まる今の時代の先駆けとなる人物である、というように近角を評している。両者の同時代性や、一定の心情的な近しさが感じとれるところであろう。

ただし、自己の信仰の妨げとなりうる煩瑣《はんさ》な哲学や理論を否定するという方向性において、近角は清沢とは異なり、良くも悪くも徹底していた。

『懺悔録』（一九〇五年）は、近角が清新な宗教家として台頭し始めた頃に行われた、講演会の記録を書籍化したものである。講演のテーマは『歎異抄』であったが、しかし同書のページ数の大半を占めるのは、むしろ、近角の宗教体験や、あるいは各種の仏典などから引用される、回心の体験の物語であった。それらの物語を通して、親鸞の教えを究極の模範とする、近角の仏教思想が語られるという体裁になっている。

そうした内容からなる同書は、自己の宗教活動において実際の体験を何より重視した近角の、主著と言える作品となっている。なお、同書には付録として『歎異抄』のテキストがまるごと掲載されており、この現代日本でも指折りで著名な仏教書の普及に、同書は一役買ったものと思われる。

以下では、これら『信仰之余瀝』（近角二〇〇二a）と『懺悔録』（近角二〇〇二b）に基づき、近角の仏教思想の概要を示していこう。

†真の友人とは何か

『信仰之余瀝』は、宗教的な立場からの友人論で始まる。いわく、世間では一緒に遊んだり交流したりする人物を、すぐに友人と言いたがる。だが、そうしたものは真の友人ではない。真の友人とは、お互いの心を知り合い、幸福や災難を相互に分かちあうことのできる存在のことである。

人間というのは自分勝手なものである。自分の相手に対する感情は考えることなく、ただ相手の心を推し量って、不人情であるとか無慈悲であるとか、邪推する者が多い。およそ家庭の不和から国家レベルの大騒動に至るまで、もとをただせばこの一点、人情の行き違いから起こってくる。

だが、こうした行き違いは、自分が相手のことをどう思っているのかを考えないことから生じてくるのである。

通常、自分が相手のことを五〇パーセントの力で思っていれば、相手も自分のことを五〇パーセントの力で思っている。どちらか一方の思いが強くてこの均衡が崩れることも時としてあるが、しかしやがては、秤《はかり》のように両者のバランスが等しくなるものである。

そうした思いやりのバランスは、互いに良く思い合う場合と、悪く思い合う場合の、どちらかに落ち着いていく。片方の親切心や我慢が徹底されれば、もう片方もこれに感化されて善に目覚める。逆に、片方の怨みの心が強くなれば、もう片方の怨みも増していき、両者ともに悪に落ちていく。

そして、私の場合はどうかと言えば、我慢ができない性格である。罪悪の塊《かたまり》である私の周囲は、まるで闇の世界である。

だが、ここに親切な人がいて、私のやることなすこと何もかもを眺めた上で、憐《あわ》れんでくれるとしよう。私がその親切を拒めば不憫に思い、私がその人を怨んだとしても、怨むだけかわいがってくれる。そんな人がもしいてくれるとしたら、どうだろうか。

そのような友人が、ただ一人だけいてくれればよい。いかに罪悪にまみれた私の心も融和し、闇の世界の夜が明ける。私は、このような友人をすでに持ちながら、今までその親切に気づかなかった。

仏陀こそがその方である。それに気づいた瞬間、仏陀の慈悲が全身に染み渡った。仏の光が胸の奥にまで届いた。ここに最大の友を得たのである。

これが私の精神の実情である。しかし、ひるがえって考えてみれば、真実の仏教徒であれば、誰もが皆、同じ仏の心と融合しているのである。互いに同一の仏の心と交流することで、宗教的なつながりで結ばれた、真の友人なのである。

†理屈を超えた仏陀の実在

そうした真実の仏教徒にとって、宗教とは、理屈ではない。考えることではない。理屈を並べ考えることで得た安心であれば、すぐさま理屈で砕くことができる。考え直せば、夢の如く消えるようになる。とにかく、理屈ほど間接的なものはない。

そうではなく、人間は是非とも、仏陀と直接的に触れ合わなければならない。仏陀の声を聞き、仏陀の光を見なくてはならない。

このように言うと、何かとても神秘的な話をしているように聞こえるかもしれない。だが、人々の実体験に即して考えれば、これは自明の事実である。

私たちは、知らず知らずのうちに罪悪にまみれた生活をしているときに、突然、その悪を自覚して、懺悔の念が生じることがある。そのとき、仏の声が聞こえる。私たちは、精神が鬱々として心中が混沌として安心できないでいるときに、突如、あたかも夜明けの太陽の光が暗い部屋に差し込んで来るかのように、仏の慈悲に気づかされることがある。そのとき、眼の前には仏の光がありありと見えるような心地がするのである。

この仏の声は、耳で聞くのではなく、心で聞くのである。仏の光は、眼で見るのではなく、心で見るのである。実のところ、心の夜が明けたときには、その光を眼で見たのか、心で見たのか、わからない。助けの声が聞こえたとき、それが内から来たのか、外から来たのか、わからない。たとえば古代ギリシャのソクラテスは、常に神の声を聞いていたと言うが、それもおそらく、これと同じような状態であったのだろう。

仏陀は、本来は絶対的な世界の存在だが、その絶対が一面では相対のかたちをとり、相対の世界に到来する。私たちが日々浅ましくその日暮らしをしているのであれば、その浅ましき者に対して、慈悲の手が触れる。愚かな心を起こしていれば、その心中に智慧の光が差し込む。仏は仏の世界から、私たちを呼び出してくれる。その呼び声が聞こえれば、やがて仏の世界に生まれる。そして私たちは、仏の世界と融合していくのである。

たとえて言おう。私たちが眠っているときに、他の目覚めている人が、手をかけて揺り起こしたり、声をかけて呼び起こしたりしてくれる。私たちは、これらの呼び起こしの働きを、夢のなかでも感じとることがあるだろう。そして、いよいよ目が覚めて、現実の世界に戻っていく。

そこで目覚めることができたのは、先に目覚めた人が、眠っている私たちを揺り起こし、夢の世界から呼び起こしてくれたからである。仏陀とは、このように身近に求められる、私を揺さぶる手や、私を呼ぶ声のようなものである。

私が拝む仏は、私の心が生み出したものではなく、客観的な実在である。夢のなかで声を聞いているとき、それは夢のなかで聞こえた声だとしても、目覚めた世界の実在の声と違いはない。そして、その実在の声が私の夢に入って来てくれたのが、ありがたいことである。

そうした実在の仏陀にしても、はじめは私たちと変わらぬ人間であった。彼の大いなる慈悲心が源となって、因果律の働きにより、その人は仏陀となったのである。ゆえに、神が無から世界を創造したと言うキリスト教とは異なって、仏教には人間としての始まりがある。

有限な存在である私たちが、無限の実在であるところの仏陀を信じることができるのは、なぜだろうか。それは、彼が始めは人間の姿でもって、私たちを助けようという願いを起こし、結果的に仏陀となったからである。そして、その願いこそが、私たち人間が実際に耳にすることのできる、仏の世界からの呼び声なのである。

†信念の修養の方法

仏陀からの呼び声に応じて獲得された信仰は、私たちのなかで生きて活動し続けるものである。それは、時々刻々と進歩すべきものであるが、他方で、何かと停滞しがちなものでもある。

信仰というものは、心の内で確かにつかんだ心持ちがなくてはならない。ところが、そのつかんだ心持ちになると、即座にこれで十分だと腰を据えてしまう。それゆえ、すぐに停滞に陥りやすい。つかんだような心持ちがしたのは、ようやく信仰の敷居をまたいで、そのなかの微々たる光を認めただけのことである。そこに停滞しないで、その後も大いに信念の修養に努めるべきであろう。

信仰というものには、あたかも地中を掘っていくかのように、幾重とも知ることのできない底がある。一つの底に到達したからと言って、それで十分と思ってはならない。その底を破って行けば、また大いに進むべき余地がある。だが、しばらくするとまた第二の底があり、再び十分であると考えてしまい、歩みが止まる。底に達するごとに、徹底的にやりきった気分になってしまうのである。

しかし、信仰には絶えず破って進まなくてはならない無限の底がある。信念の修養というのは、少しずつこの底を破って進んでいくことである。もし進むべき余地を自覚し続けられるのならば、歩みが止まるはずはない。

では、進むべき余地の自覚は、すなわち信念の修養は、いかにして可能か。私の経験を言えば、静かに仏陀のもとに跪《ひざまず》き、その日の行いを反省し、心に描いた妄念を思い出して、懺悔するのもよい方法である。

しかし、そうして懺悔の心を奮い起こした瞬間は、いかにも心が洗われたような気持ちになるが、それが過ぎれば元の俗な世界に立ち戻ってしまう。これでは、底を破るには力が弱い。

信仰の経験談も、信念の修養の一つの方法として有効である。それは、あたかも全国各地の人々が同じ都市に集まって、各自が道中の話をするようなものであり、一人一人の経験が、それぞれ異なるところが興味深い。特に自分よりも一歩進んだ人の経験を聴くことは、自分が今いる場所の先にはまだ、大いに進むべき余地があることの発見につながる。

だが現実には、他人が自分よりも進んでいるという事実に気づくのは、とても難しいことである。むしろ多くの場合は、今まで通ってきた道をまた繰り返すことになりがちである。底を破って進むためには、これも十分とは言えない。

それなら、どうすべきか。私の経験に従えば、信念の修養に最も適しているのは、実際問題に接することである。実際問題に直面したとき、人は自分の信仰の未熟さを、心のなかにおける光明の不足を、知ることになる。

実際問題に接して人が行動の選択を迫られるとき、汚れた心が様々な誘惑にとらわれ、様々な口実を作り出す。だが、そうした汚れた心を許してはならない。皆が当然のようにそうしているなどと考えて、汚いほうに傾いてはならない。全身に仏陀の光明を仰ぎ、汚れた心を断固として打ち破り、正しい行いを選び取る。そうすることで、確かに底を破って進むことができる。これが、最も適切な信念の修養である。

†宗教体験の書『歎異抄』

こうして『信仰之余瀝』において自己の信仰の内情について検討した近角は、主著『懺悔録』において、自身の信仰を、仏教の伝統のなかに位置づけていく。『懺悔録』は、先に述べたとおり、もともと『歎異抄』についての近角の講話の記録であり、当然と言うべきか、この仏教書に関する彼独自の解説から語り始められている。

いわく、『歎異抄』は、親鸞聖人の信仰を直接的に味わう上で大切な書物である。ここで「味わう」とは、議論や理屈を通してではない。理屈を並べるのではなく、自分の身の上に照らしながら、この聖典の内容を味わっていく必要がある。

そもそも宗教とは、体験である。釈迦をはじめとする各宗の祖師たちが、自分自身の内心の経験によって、この人生の意義についての真の味わいを得た。そして、その味わいの体験をありのままに説き、伝えてきたのが、宗教というものである。

親鸞聖人は、釈尊より以後の多くの祖師たちのなかでも、特に要領を得て、誰にでも味わいやすい、人生にとって適切で、表現しようもなく深い信仰を有していた。それは、学問や知識の有る無しに関係なく、男女や貧富の区別なく、人間であれば誰もが皆、心に響く信仰である。そして親鸞聖人が体験した信仰を、わかりやすく書き表したのが、この『歎異抄』なのである。

『歎異抄』を読む人であれば必ず、悪人の救済ということを、かなり大胆に極端に主張しているという点に気づくであろう。だが、この悪人救済という主張が向けられているのが、他人ではなく、自分であると気づくのは、誰にとっても非常に難しいことである。

世の人がこの『歎異抄』を読んで、よく誤解するのは、悪人救済と言うからには、悪いことをしても許されると考えてしまうことである。だが、もし自分が欲望にまみれた罪深い人間であるとすでに自覚しているのであれば、その上さらに悪をなしてもよいなどと言っている場合ではない。どうにかしてこの罪悪の苦しみから逃れたい、何とかして助けてほしい、と考えるよりほかはないはずである。

また、悪人の救済を説く『歎異抄』は、道徳を破ることを人に勧めるので危険である、といった懸念《けねん》をする者もいるが、それも無用の心配である。宗教は、自分自身のことであって、他人のためにどうこうと言っているのは、まったく必要のない無駄話である。

そもそも、極端な罪悪の自覚のない人にとって、『歎異抄』は何ら効果を発揮しない。そうした自覚がなければ、『歎異抄』が危険か否かといったことは問題にならない。たとえるならば、ここに火薬があったとしても、火がなければまったく危険ではないのと同じように、極端なる罪悪感の点火がないときには、この『歎異抄』は決して爆発しないのである。

『歎異抄』が罪悪の救済について極端に説いているということは、要するに、極端な罪悪感に対して、極端な救済の光を説いているということである。その極端な罪悪感と極端な救済は、しかし、抽象的にではなく、実際の体験の事実に基づき語らなければ、人の心に届かせることができないだろう。

†王舎城の悲劇

近角はそう指摘した上で、先に触れたような、自身の回心の体験談を披露する。また、近角の体験談に導かれて同様に救われた知人についての話をした後、さらに、親鸞にも関わりの深い仏典の世界に、具体的な宗教体験の事例を求めていく。すなわち、『観無量寿経《かんむりょうじゅきょう》』や『涅槃経《ねはんぎょう》』に説かれている、有名な「王舎城《おうしゃじょう》の悲劇」の物語である。

仏陀がまだ現世の人であった時代のインドに、マガダ国という大国があった。その当時の王は、ビンビサーラという、仏教への信仰の篤《あつ》い有徳の君主であった。この王の息子であったアジャセ（阿闍世）は、しかし、仏陀の従兄弟にあたるダイバダッタという男にそそのかされて、王位の簒奪《さんだつ》を試みた。父王を餓死させるため、牢屋に閉じ込めた。またその後、父王のために密かに食物を差し入れていた母のイダイケ夫人も、怒りに任せて牢屋に放り込んだ。

イダイケ夫人は、獄中で心身ともに憔悴《しょうすい》しきり、見るかげもないあり様になり果てた。そのような姿のまま仏陀を念じて祈っていると、仏陀は遠くからこれを聞きつけ、獄中の彼女のもとを訪れた。そして、仏陀が眉間から光を放ち、仏国土のビジョンを見せると、彼女は、「極楽世界の阿弥陀仏のもとに生まれたい」と、自分を導いてくれるように懇願した。

仏陀はこの願いを聴いて微笑して、「阿弥陀仏はここから遠くには去っていない。あなたは心を集中して、仏国土にいるその人をみなさい」と彼女に説いた。イダイケ夫人はそれを聴いて歓喜し、心が大いに開け、偉大なる信仰を獲得した。

この出来事は、実のところ、阿弥陀仏が全人類の救いを求める願いの力を、人間が実際に体験した、最初の事例であった。

†阿闍世の救い

一方、父王の殺害に成功し、王位に就いたアジャセであったが、自分の行いを深く後悔するようになっていた。その結果、胸の内の苦悩がやまず、やがては全身の皮膚に悪性の腫れ物が生じ、臭くて近寄れないような状態となっていった。昼も夜もずっと苦しい。

母のイダイケが見かねていろいろな薬を彼につけてあげたが、薬を塗れば塗るほど痛みが増すばかりで、少しも効かなかった。これは心から起こった病であり、肉体だけの病気とは違い、人間の手では癒えることがない。そのように絶望していたところ、六人の哲学者たちが彼を訪れ、それぞれの意見を述べて彼を慰撫《いぶ》しようと試みた。だが、彼らの説く理屈では、いっこうに安心ができなかった。

ところが、仏陀が霊鷲山《りようじゆせん》で月愛三昧《がつあいざんまい》という瞑想に入ると、いかにも清く涼しい光が放たれ、それが遥か遠くにいたアジャセの身体を照らし、彼の全身を覆うひどい腫れ物が一瞬ですっかり治ってしまった。慈愛にあふれる仏陀が、彼の心を救おうとして、まずはその肉体から救ったのである。

それを知り仏陀のもとに参ったアジャセは、罪もない父を殺害した自分は、地獄に堕ちるに違いないという絶望的な自覚のもと、仏陀と対面した。だが、仏陀は彼に向かい、「あなたが地獄へ堕ちるのであれば、仏もともに堕ちなくてはならない」と、アジャセが地獄に堕ちていくのを、黙って見過ごすわけにはいかないと語った。

その慈悲の言葉を聴いたアジャセは、長く暗いトンネルから脱して、広い海辺に出たような心地がした。ほとんど一瞬にして、安心を得ることができた。

こうしてアジャセが救われたのは、アジャセのみが救われたのではない。全人類が救われたのである。彼が親殺しの罪を犯して、なおも救われたことによって、それから未来永劫のあいだ、同等の罪を犯してなお救われていく罪人たちの、彼は先駆者となった。そして、悪人の救済を説く『歎異抄』の信仰の要点もまた、ここに示されているのである。

†仏陀の演じるドラマ

親鸞聖人は、自己の信仰をもって真宗と名付け、その根本の書として『教行信証《きょうぎょうしんしょう》』を撰述した。そして、同書のなかで自らの罪深さを懺悔しているが、それは自らが悪人であることを自覚したアジャセの懺悔に通じるものであった。

西洋においては、懺悔あるいは告白と称して、自己の信仰の経過について表現することがある。仏教においてこの種のものはないかと考えた場合、実に親鸞聖人の行っていたことは、まさに自己の心中を披瀝する行為にほかならなかった。親鸞聖人は自らの著述に、自己の体験を通して得た信仰を、生きた言葉として刻んだ。

このように体験された信仰を重んじた親鸞聖人は、「王舎城の悲劇」の物語に、仏陀による救済の力の実現を見て取り、感嘆した。イダイケ夫人やアジャセの信仰獲得は、『教行信証』や『歎異抄』にも表現されている、体験された信仰の起源であった。しかも、煩《はん》悶《もん》を極めた女性や、悪逆の限りを尽くした罪人が、にもかかわらず救済を得られたことの起源であった。

「王舎城の悲劇」は、すなわち人生一般における悲劇であって、人間が存在し続ける限り、常に反復される事実である。たとえ私たちの人生において、実際の出来事としては起こらなくても、心のなかの経験としては、いつでも常に、このような悲劇が演じられ続けている。私たちのような欲望しか持たない人間が、それでも信仰と安心を得られることの理由が、仏陀がまだこの世にあった時代に演じられたその悲劇によって、すでに示されていたのである。

親鸞聖人は、だが、そこからさらに踏み込んだ解釈を提示した。すなわち、この悲劇に関係しているどんな善人も悪人も、男も女も、王も王子も臣下も、すべて皆、本当は仏陀の仮の姿なのである。そして、仏陀の権化《ごんげ》である彼ら・彼女らが示したのは、私たちのような罪悪と欲望だらけの人間を救いに導くために演じられた、一大活劇であったのだ。

こうした親鸞聖人の奥の深い洞察に示唆されて、私はこの世に対する深遠な人生観にたどり着くことができた。すなわち、人生とは、紆余《うよ》曲折を経ながらも遂には大海へと注がれていく川の流れのように、つまるところ、あるいは煩悶、あるいは罪悪、あるいは様々な体験を経た後で、最期には光明のなかに帰入していく、一つのドラマなのである、と。

3 煩悶と教養の時代

†「煩悶青年」のクローズアップ

近角の支持層の中心は、当時の青年知識人である、学生であった。そのうちの特に悩める者たち、いわゆる「煩悶青年《はんもんせいねん》」であった〔平石二〇一二〕。

明治二〇年代に、自己の内面に閉じこもって苦悩することを意味する「煩悶」という言葉が、国木田《くにきだ》独歩《どっぽ》や高山樗牛《たかやまちょぎゅう》といった作家たちによる表現などを通して、社会に広まっていった。この言葉を真正面から受け止め、熱心に煩悶したのは、当時は限られた人間にしか開かれていなかった、高等教育機関に通うことのできた一部の青年たちであった。一種の特権階級であり、就労前に悠長に悩むことのできる時間すらも特権として享受した彼らは、自分がどう生きたらよいのかについて、積極的に悩み、苦しみ、煩悶した。

一九〇三（明治三六）年五月二二日、第一高等学校（一高。後の東京大学教養学部）の学生で

あった藤村操《ふじむらみさお》が、日光の華厳の滝で謎めいた内容の遺書を残し、投身自殺を遂げた。一高生という当時の典型的なエリートコースに乗っていた若者が、自分にはこの世界の真相が「不可解」であるからと言う、それこそ不可解な理由によって、自ら命を絶ったのである。新世代の若者が起こしたこの異様な事件は、旧世代の人間たちを少なからず驚愕させた。そして、藤村のような「煩悶青年」たちの存在が、世間的にも大きく注目されるようになったのである。

この藤村の自死事件に象徴されるように、明治三〇年代以降の世相は、部分的には、煩悶の時代と評しうる。そして、近角が宗教家としてデビューし、瞬く間に一世を風靡し始めたのも、まさに明治三〇年代であった。近角のもとには、一高生や帝大生をはじめとして、多くの悩める学生たちが集《つど》った。彼らは、自己の煩悶の実情を近角に向けて吐露し、この優れた宗教家に自らの生きる道を仰いだ。

近角が彼らに支持された理由は、何よりもまず、近角自身がかつて煩悶青年であったからだろう。自分のもとに集ってくる学生たちの心の機微を、彼はよく理解できた。自分もかつて、それらと近似した心の過程を経てきたからである。学生たちの悩みや苦しみの本質を、自身の経験に照らして見抜く力が近角にはあった。そして、その煩悶の先にある救済や信仰にたどり着くための方法も、自らの経験に即して彼らに示すことができたのである。

また、近角が一高と東京帝国大学の卒業生であったことも、彼に対する学生たちの信頼感を醸成するのに、確実に貢献しただろう。加えて、彼が西洋諸国に一定期間にわたって滞在し、現地で学びを深めたという事実も大きかった。

若い学生たちにとって近角は、どこかのお寺のお坊さんではなく、帝都東京でエリート教育を受け、西洋社会の現状にも通じた、新たな時代の宗教家であった。それゆえ、彼の話であれば聴きたい、彼にならい自分の悩みを打ち明けてよいという心理が、特権階級としての自意識を有する学生たちのあいだでも、働きやすかったものと思われる。

†修養主義と教養主義

煩悶の時代に突入した明治後期は、同時に、教養主義の時代が形成されていく時期でもあった。この時期には、煩悶する青年の増加に応答するかのように、後に教養主義へと変貌を遂げていく、「修養《しゅうよう》主義」に関連した思想や運動が続々と登場し、世間を賑わせていたのである〔筒井二〇〇九〕。

修養主義とは、個々人の「人格の向上」を目指して、特定の思想や宗教の学びや、身体的修練や、社会改良の活動を行っていく、一連の動きのことである。

明治期の前半まで顕著であった、国家の発展を重視する富国強兵のムードが、日本が「一国独立」を曲がりなりにも達成した日清・日露戦争後には、徐々に後退し始めた。そうした時代状況に応じて、国家の経済力や軍事力だけでなく、個々人の精神力の開発のほうにも、社会的な意識が向くようになっていった。修養主義の風潮は、そうした文脈で生まれてきた、近代的な精神文化の一種であった。

そして、この修養主義の文化から、「人格の向上」という目標はそのままに、だが、社会活動などは取り去って、読書をはじめとする知的な営みだけに特化した文化実践として自立していったのが、教養主義であった。

哲学や文学などのいわゆる人文系の知を幅広く吸収することで、自己の精神性を発達させ、「人格の完成（向上）」を目指す。そうした教養主義の文化は、新渡戸稲造《にとべいなぞう》が一高の校長に就任した一九〇六（明治三九）年より以降、同校を一つの大きな拠点とするかたちで、次第に隆盛していった。

新渡戸は、古今東西の思想や文化の学びを通した学生の人格形成を試みた。そうした彼の影響下で、和辻哲郎《わつじてつろう》や阿部次郎《あべじろう》のような、教養主義的な知識人が育成されていった。そして、大正期に入り彼らの社会的な発言力が増していくなか、教養主義は、近代日本の知的文化の主軸として機能していくこととなったのである。

このように、教養主義の発生拠点として重要であった一高では、宗教に対する新たなニーズが生まれてもいた［伊達二〇〇〇］。自己の確立のために多様な文化の享受を願った同校の学生たちにとって、また煩悶の時代において内省的な志向を強めていた彼らにとって、宗教はとても魅力的な対象として映ることがあったのである。

彼らにとって宗教とは、一方では、田舎の人間が妄信する旧態依然とした風習であった。だが他方では、自分たちのような都会の学生の趣味を満足させてくれる、新しい文化でもあった。当時の学生たちにとって宗教は、両義的な意味を持っていたのである。そして、本章でこれまで論じてきた近角の活動が、後者の側の宗教として学生たちに受容されていたことは、言うまでもないだろう。

†帝都東京の宗教家たち

宗教を新しい文化として受け入れ始めた東京の学生たちの、その生活圏では、近角だけでなく、他にも多彩な宗教家たちが活躍していた。

たとえば、前章で詳論した清沢満之は、晩年に東京の浩々洞《こうこうどう》で過ごした短い期間、知的な青年たちに注目された。彼の死後には、次章で詳論する暁烏敏《あけがらすはや》を筆頭として、清沢の弟子たちが若い世代からの一定の支持を集めた。

また、旧来的な宗派や寺院の仏教を批判し、「健全な信仰」を追求する運動に取り組んだ新仏教徒同志《しんぶっきょうとどうし》会《かい》の人々も、芝のユニテリアン（キリスト教の一派）の教会堂などを会場として、毎週のように演説会を開催していた。

キリスト教界では、角筈《つのはず》（現在の新宿区内の一地域）で内村鑑三《うちむらかんぞう》が聖書研究会を開き、多くの学生を感化していた。弓町本郷教会では、毎週日曜日に海《え》老《び》名弾正《なだんじょう》が清新な説教を行って、多数の青年信徒を養成した。

あるいは、明確な宗教運動ではないが、それに近似した活動も同時代には散見された。たとえば、霊感に打たれて「無我の愛」に目覚めた伊藤証信《いとうしょうしん》が、東京巣鴨村大日堂で無《む》我《が》苑《えん》を開き、大きな反響を呼んだ。「岡田式静座《せいざ》法《ほう》」で有名な岡田《おかだ》虎二《とらじ》郎《ろう》も、牛込の矢来《やらい》倶《く》楽《ら》部《ぶ》において、静座の指導に取り組んでいた。

さらには、東京帝国大学という大学の内部にもまた、顕著な宗教性を有する人物がいた。東大の宗教学講座の初代教授、姉崎正治《あねさきまさはる》である〔高橋二〇一四〕。

姉崎は、日本の宗教学の開祖的な人物として、科学的な宗教研究の構築に尽力する一方、日蓮主義や神秘主義の思想などに個人的に共感してもいた。そのため、宗教に関する彼の熱のこもった講義を聴いていた学生のなかには、その講義の内容に、宗教の単に学問的な理解にとどまらない、実存的な深みを感じとった者がいたようである。

このように、明治後期から大正期頃の東京においては、宗教家やそれに類似した人物たちによる活動がきわめて盛んであり、そこに数多くの学生や若い知識人が集うという状況があった。近角は、そうした同時代のライバル宗教家たちと競合しつつ、自らを慕ってくる青年たちを教化していたのである。

東京の学生たちからの近角の受け入れられ方は、特に、内村鑑三のそれに近しいところがあった。内村は、既存の教会から離れて、独自に聖書の研究を進めた。その研究成果を、学校とは異なる場所で、だが、高等教育機関の学生や卒業生らを前にして説いた。また、雑誌『聖書之研究《せいしよのけんきゆう》』を発行し、その読者たちによる全国的なネットワークを基盤とする、「紙上の教会」を築き上げた〔赤江二〇一三〕。

彼の門下からは、正宗白鳥《まさむねはくちよう》や志賀《しが》直哉《なおや》をはじめとする作家たちのほか、矢内原忠雄《やないはらただお》、南《なん》原繁《ばらしげる》、大塚久雄《おおつかひさお》といった、のちに東大教授となる政治・経済学者たちが輩出されていった。

仏教やキリスト教という特定の宗教伝統に明確に連なりつつ、だが、既存の寺院や教会とは異なる独創的な場を作り上げて、そこを拠点に自らの宗教活動を展開する。その新しい場に、日本社会の将来を担う青年たちが集い、自分が抱えている悩みと向き合い、信仰を得て、成長していく。

近代日本においてそうした場の形成に成功した人物として、近角と内村は双璧《そうへき》であったと評価されてよい。実際、田辺元《たなべはじめ》（哲学者）や岩波茂雄《いわなみしげお》（岩波書店の創業者）といった近代史の著名人たちが、自らの青年時代を回顧しながら、この両者を並べて想起しているのである。

†体験と伝統の反復運動

西洋由来のキリスト教を背景とした内村と比較した場合、だが、日本仏教の伝統を背負っていた近角は、若い学生たちからの人気を獲得する上では、やや不利な立場に置かれていたとも言えるだろう。

仏教は日本において、明治の時代においてすでに、千年以上の歴史を有する伝統宗教であった。だからこそ、それは因習や旧弊とも紙一重の宗教で常にありえた。キリスト教が、新しい西洋文化の象徴として機能しやすく、若者の憧れを容易に喚起しやすかったのとは対照的である。

そうした条件を抱えながらも、近角は青年たちに熱狂的に支持された。なぜか。先に述べたとおり、彼の高い学歴や洋行の経験や、煩悶青年としての先駆性というのも、大きな要因であっただろう。だが、若い学生たちが彼のもとに押し寄せた最大の理由は、このカリスマ的な宗教家が語る、強い共感を誘う体験談の魅力にこそあった。

近角の体験談に導かれて仏教に目覚めた青年たちは、彼らもまた、近角の指示に従うかたちで、彼らの信仰の体験談を次々と語り出していった。近角というカリスマの存在を中心にして、宗教的な体験をめぐる無数の物語が、山のように集積していった。

それらの個々の物語は、互いに互いを参照し合いながら、影響し合い、反響し続けた。その響き合う物語のなかに身を置くことで、自らの信仰の疑いなさを改めて確認していった信徒たちも少なくなかっただろう。彼らの体験は、それぞれが個人的に獲得していったものでありながら、共同的な場において言葉にされた瞬間においてこそ、最も真実らしく思えた。

それらの体験は、しかし、近角やその周囲で突発的に生成したのではまったくなく、仏教の確かな伝統のもとに連なるものであった。

近角によれば、仏教の歴史とは、欲望にまみれた人間が、自己の罪悪を自覚し、そして仏に出会うことで救われていくという、体験の繰り返しであった。この体験の反復こそが仏教の伝統にほかならず、それゆえ見ようによっては、近角にしても、その信徒たちにしても、単にこの長い伝統のなかで幾度となく繰り返されてきたことを、また改めて繰り返したに過ぎない。仏教の伝統の側から考えれば、そこには何ら新しい現象は生じていない。

だが、こうした伝統の反復は、その当事者からすれば、まさに新たな体験であった。仏教という長い歴史を有する宗教伝統に参与した、新たな体験であった。

その体験は、彼らが人生上の実際問題に直面していくなかで、何度も繰り返され、無限に深まっていった。社会という「信念の修養」の場において、様々な困難を乗り越えていくなかで、刻々と進化していった。

こうした伝統仏教を体験することの反復運動こそ、近角が近代日本の知的空間のなかに広げていった、仏教に基づく新たな思想と実践の仕組みであった。宗教を語る上で、個々人の内的な信仰体験が、特定宗教の教義や儀礼や教団などと同等に、ときにはそれ以上に重視されるようになった近代という時代に、それは非常に適合的な仕組みであった。

と同時に、それは仏教の伝統の復興にも必然的につながっていくものであった。個々人の内的な信仰と救済が、経典に書かれた記述の再演であると意味づけられ、さらには、過去の仏教者たちの経験の反復であると自覚されることで、個々人の心のなかで、仏教の伝統が復興していった。

彼らの内面で復興した伝統は、あるいは、寺院や仏教儀礼といった、他の目に見える伝統の再評価に向かう場合もあっただろう。あるいは、単に心のなかの伝統として完結する場合もあっただろう。

いずれにせよ、そうした心のなかの伝統仏教は、個々人の「人格の完成」を目指す近代日本の教養主義的な文化の一角に根を下ろした。古臭い田舎の仏教には興味を抱けない都会の青年たちのあいだでも、仏教が確かに生存し、力を持ちえた。そして、その後に社会に出て活躍するようになった彼らの心の支えとして、仏教が近代社会のなかに、新たなかたちで定着していったのである。

†伝統の力と限界

だが、そこでの仏教の再興は、近角というカリスマ的僧侶の存在によって成立していたところが多分にあり、彼がいなくなってしまえば、断絶を余儀なくされるものであった。実際、彼の死後、求道会館に集う人々は次第に少なくなっていき、近角が主導した体験と伝統の反復運動は、やがて、当時を知る人の記憶のなかにのみ、懐かしい影を残すようになっていった。

長い歴史を有する仏教の伝統は、その伝統に参与する契機を与えてくれる近角のような存在がありさえすれば、大いなる力を持ちうる。だが、そうでなければ、現代人の感性や好みからはほど遠い、骨董品《こっとうひん》的な文化でしかない。伝統の価値に人が気づくためには、その価値を再発見させてくれる、強い言葉や体験が必要とされるのである。

次章で論じる暁烏敏は、近角とほぼ同時代を生きながら、こうした伝統の力に頼らないかたちの仏教の語りを提示した思想家であった。それ以前の哲学的な仏教論でもなく、近角が開拓した体験と伝統の往還の道でもない、また別の路線の近代の仏教思想を、彼は明瞭に示したのである。

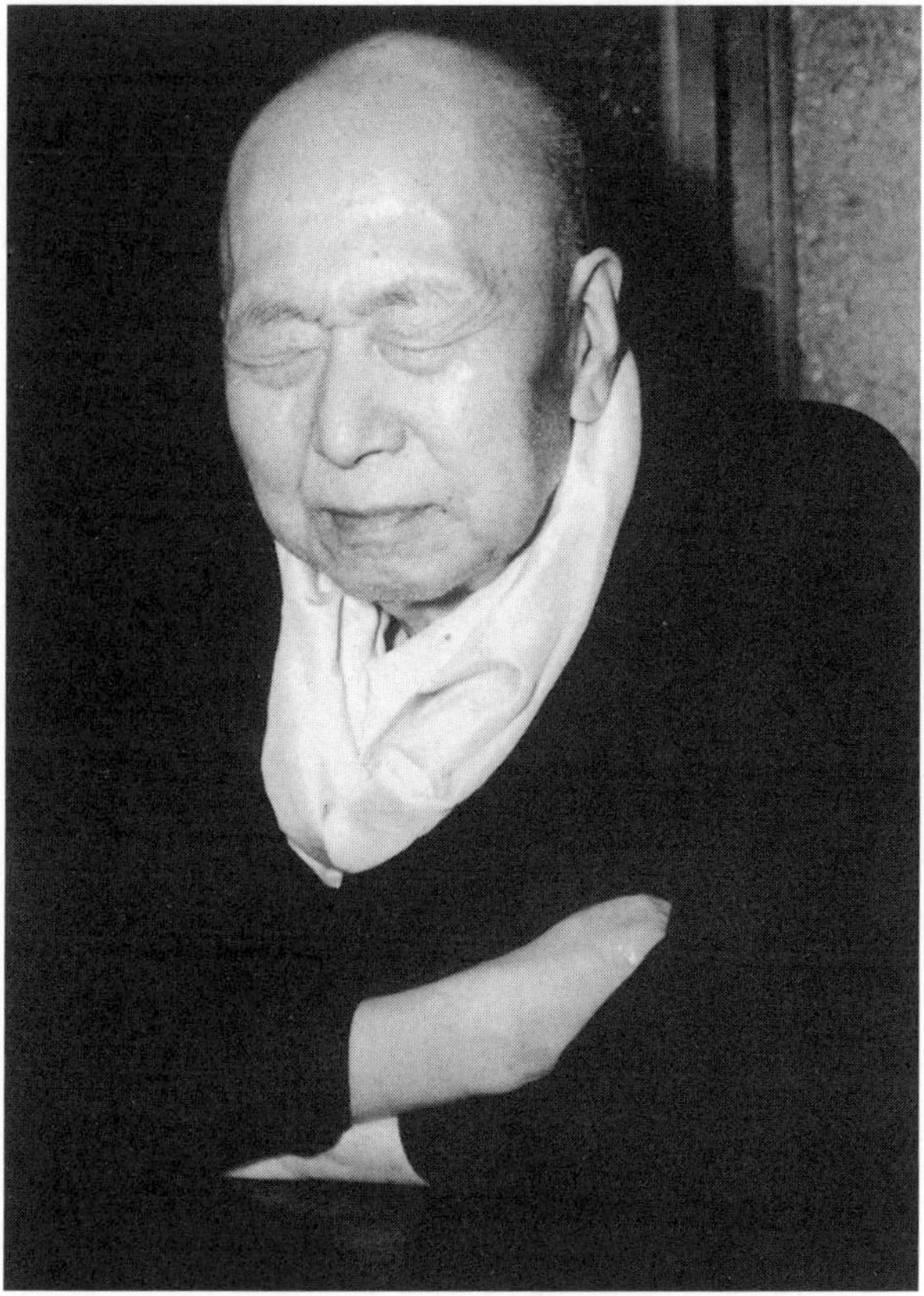

第四章

読書による救い――暁烏敏

暁烏敏(1877-1954)

1 書物による世界構築

†師との出会いと青年期の悩み

暁烏敏《あけがらすはや》（一八七七―一九五四）は、書物を読み、書物を書き、書物を作った。若い頃からジャンルを問わず多量の本を読み、そのためか、高年になると視力を完全に失った。以後、従者の朗読により読書した。十代の学生時代に清沢満之《きよざわまんし》に出逢い、師事し、師が死してなお師事し続けた。その師の協力のもと、青年時代に発刊した雑誌が反響を呼び、また『歎異抄』の優れた解説者として、自らも時代の寵児となった。その後、スキャンダラスな事件により一時的に身を潜めるも、すぐに再起し、自前の出版社を立ち上げ、数多くの著作を刊行していった。時代の空気を的確に読みながら、戦時期には日本主義者へと転身して大活躍した。戦後、自身が属する教団のトップに立ち、教団のその後の方向性を定めた上で、死亡した。こうした暁烏の波瀾万丈な生涯を、まずは簡単に振り返っておこう［松田一九九七、一九九八］。

一八七七（明治一〇）年七月一二日、暁烏は石川県石川郡出《で》城村《じろむら》字《あざ》北安田《きたやすだ》（現・白山市北安田）の、真宗大谷派の明達寺《みょうたつじ》の長男として誕生した。父の依念《えねん》とは幼くして死別し、母の千代野《ちよの》が非常な苦労をして彼を育てた。一三歳のときに金沢市の共立尋常中学校（石川県と大谷派の出資）に入学したが、同校の英語重視の教育方針に反発した。日本語を世界に説いていけば、むしろ外国人が日本語を学びに来るだろうとして、授業をボイコットした。遂には退校願いを提出し、受理された。

一八九三（明治二六）年九月、京都大谷尋常中学校に編入。ここで清沢満之と出会った。黒衣《こくえ》を身にまといながらサミュエル・スマイルズの『自助論（セルフ・ヘルプ）』を講じるこの十歳年上の教師に、暁烏は即座に魅入られ、師として仰ぐようになった。同校で教えを受けたのはわずか数カ月だったが、その後、暁烏は生涯を通して清沢を、唯一無二の絶対的な師匠とした。

一八九六（明治二九）年九月、真宗大学（後の大谷大学）に入学。直後に清沢らの宗門改革運動に参加し、退学処分を受けるも、翌年には復学を許された。

真宗大学時代の暁烏は、『無《む》尽灯《じんとう》』という学内の学術機関誌の編集者となり、その才覚をあらわし始めた。一方、自己の性欲の強さに振り回されるようにもなった。自らが思い描く理想の僧侶像とのギャップを痛感して煩悶するなか、『歎異抄』の教えに救いを求めていった。また、高浜虚子《たかはまきよし》ら同世代の俳人たちとの交流を持つようになり、その句作は、正岡子規《まさおかしき》からも一定の評価を得た。

大学卒業を前に、暁烏は進路に迷った。住職として田舎の寺院に身を捧げることに躊躇《ちゆうちよ》したのである。突如、外交官への道を模索し始めた。国際間の平和を保つことが、人類の救済につながるなどと述べていた。

大学卒業後の一九〇〇（明治三三）年九月、西洋視察中の近角常観《ちかずみじようかん》から清沢が預かっていた宿舎に、暁烏は同世代の仲間たちとともに移り住んだ。ここに、清沢の私塾「浩々洞《こうこうどう》」が開かれた。

†『精神界』の成功と宗教家としての台頭

一九〇一（明治三四）年一月、雑誌『精神界』が発刊され、清沢一派による「精神主義」の運動が本格的にスタートした。この『精神界』の刊行は、暁烏が大学卒業前から、「現代に実際生活にかみくだいて仏教の精神を書いてある雑誌がない」という不満を抱きながら、構想を温めていたものであった。そして、学生時代から彼が『無尽灯』の編者として培っていた、雑誌編集の技術、人的ネットワーク、会計事務や資金繰りの手法を駆使して、実現にこぎ着けた企画であった。清沢は、愛弟子から持ちかけられたこの企画に賛同し、惜しみなく協力した。

真宗大学を卒業後、暁烏は東京外国語学校に通い、二葉亭四迷《ふたばていしめい》からロシア語を習っていた。だが、当初からすでに雑誌の刊行のほうに意識が傾いていたのだろう、短期間のうちに同校を中退した。外交官になるとの思いつきは、清沢の反対もあり、それから完全に放棄された。

一九〇三（明治三六）年は、暁烏にとって重要な年となった。まず、『精神界』において「歎異鈔を読む」の連載が始まり、これが好評を博した。また、全国への布教活動が始まり、新鮮な言葉で仏教を語る僧侶として、彼の知名度は徐々に高まっていった。

そして、清沢が死去した。以後、暁烏は清沢の宗教家としての偉大さを広める伝道師のような存在になり、「清沢宗《きよざわしゅう》」といった評すらなされるようになっていく。

「歎異鈔を読む」の連載は、『精神界』の一九〇三年一月号から一九一〇（明治四三）年一二月号まで、八年間、計五五回の長期にわたった。連載は『歎異鈔講話』として、一冊の本にまとめられた。これらの連載と本は多くの読者に恵まれ、『歎異抄』が近代日本でもトップクラスで人気の仏教書となる上で、決定的な影響を及ぼした。それはまた、『歎異抄』の近代における読まれ方が、暁烏による同書への解釈に決定的に影響されている、ということもまた意味している。

新時代の仏教者として頭角をあらわした暁烏に対しては、宗派の保守層からの攻撃も行われた。一九一〇年には、暁烏は「異安心《いあんじん》」すなわち宗派の教えに背く者であるとの疑念を呈す上申書が、宗派の本山に提出された。この事件自体は、宗派当局との交渉を経て事なきを得た。しかし、清沢の薫陶《くんとう》を受けた暁烏ら改革派の僧侶たちが、宗派の保守層からの抑圧を受け、対決する場面は、その後の歴史のなかでも繰り返し見られた。

†人生の転換と出版事業の展開

一九一三（大正二）年二月、暁烏の妻、房子《ふさこ》が死亡した。わずか一〇年ほどの結婚生活であった。弱冠二六歳で逝った妻の、死に際の悲惨な苦しみを前にして、彼は仏の無慈悲を恨んだ。また、妻との死別の苦悶が、『歎異抄』などに依拠した自らの信仰ではまったく乗り越えられないことに、愕然とした。彼は、今までの信仰と生活のあり方から決別し、新たな道を選ぶべきときを迎えていた。

そこに、期せずして大きな一撃がやってきた。一九一五（大正四）年一月、宗教新聞『中外日報《ちゅうがいにっぽう》』に、「暁烏氏の噂」という記事が掲載された。暁烏が伝道と称して多くの女性をもてあそんでおり、妻の死の数日後には仏前で若い女を抱いたといったように、彼を糾弾する内容であった。暁烏を非難する同様のスキャンダラスな記事は、その後さらに二度も同紙に掲載された。

これらの記事の内容は、虚実ない交ぜの怪しいものであった。だが、同紙は当時の宗教界に大きな影響力を持っており、軽い騒動となった。そして、記事の内容やそれをめぐる話題を知った暁烏は、重い衝撃を受けた。東京の浩々洞を去り、故郷の北安田の寺院に帰っていった。

その後、雑誌などに記事を寄稿したり、地方講演を続けたりすることで、次第に力を取り戻していった彼は、一九一九（大正八）年頃から、矢継ぎ早に自著を出版し始めた。さらに、一九二〇（大正九）年には個人出版社「香草舎《こうそうしゃ》」を立ち上げ、同社より次々と著書を出版していった。一九二〇年だけでも六冊の叢書を刊行しており、年内にそれぞれが版を重ね、同年末までに合計で一万二〇〇〇部を売り出した。

一九二二（大正一一）年には、個人誌として『薬王樹《やくおうじゅ》』を発行。初号は四〇〇〇部を刷ったが、以後、順調に部数を伸ばし、後継誌は一万部に届いた。仏教者による個人誌としては記録的な部数であった。また、同年には袖珍版《しゅうちんばん》という文庫本型の「北安田パンフレット」を創刊し、一九四二（昭和一七）年までの二〇年間に、このシリーズを合計で六〇冊まで刊行した。なお、日本での文庫本出版は、明治後期から大正期にかけて多少の例が見られ、一九二七（昭和二）年に開始された岩波文庫によって定着した。

このように、大正末から昭和初期にかけて、暁烏は著作家として、雑誌編集者として、出版人として、旺盛に仕事し、大いに活躍するようになったのであった。

†インド仏蹟参拝と欧米旅行

一九二六（大正一五）年九月、『中外日報』に出た「第二回印度《いんど》仏蹟参拝旅行団《ぶっせきさんぱいりょこうだん》」の募集広告を見た暁烏は、即座にインド行きを決意し、友人や信徒たちから旅費を募った。五六〇名もの人々から、額《たか》の多寡を問わず支援がなされ、目的の資金を集めることに成功した。そして同年一二月、複数の宗派の僧侶六人と、新聞記者、貴族院議員、上海から加わった旅館の女将の計九名からなる参拝団の一員として、暁烏は初めて国外に旅立った。

上海、香港、シンガポール、ペナンを経て、約三週間でセイロン（現・スリランカ）のコロンボに上陸。仏蹟をめぐった後、インド大陸に入った。カルカッタでは詩人のタゴールを訪ね、仏教や、世界の文学について語り合った。自分が作った短歌の英訳の添削を、タゴールに依頼したりもしている。その後、インドにおいて念願の、釈迦の六大聖地巡拝を成し遂げた。

一九二七年二月、参拝団は日本に向けて出航した。だが、暁烏はその船には同乗しなかった。単身、ヨーロッパに向かったのである。

エルサレムではイエスの墓をはじめ、『聖書』に関連した遺跡を訪ねた。エジプトのカイロではピラミッドを眺めて一万年の歴史を想い、ギリシャでは博物館や劇場や廃墟の跡をめぐって、ソクラテスやプラトンを輩出した文化の深みを知った。ウィーンではベートーベンのオペラに夢中になり、パリのルーブル美術館には三度も通った。ワイマールやフランクフルトではゲーテハウスを訪れ、憧れの文豪に思いをはせた。このようにヨーロッパでは、美術館や音楽ホール、そして本屋をひたすら回り続け、同年七月に帰国した。

一九二九(昭和四)年四月、今度はアメリカ旅行を決行した。ハワイやカリフォルニア州オークランドで友人らと再開し、マサチューセッツ州コンコードでは「私の魂の通うたところのある」エマーソンの生家を訪ねた。ボストンではボストン美術館に二度通い、ニューヨークではアメリカ文化の進取の気風に好感を抱いた。こうしたアメリカでの滞在は、約四カ月間に及んだ。

†日本主義への傾倒と戦争協力

外遊の経験後、暁烏は日本の古典を熟読し始めた。欧米で得た見聞を踏まえて、改めて日本とは何かを考え直そうとしたのである。古代からの日本精神を見通すため、『万葉集』『古事記』『日本書紀』などを精読し、また聖徳太子についての研究を開始した。

こうした暁烏の日本志向は、戦時期において、日を追うごとに強まっていった。寺院の本堂で真宗の仏典を読経するだけでなく、床の間に神棚をしつらえた。そこで、天照大神《あまてらすおおかみ》をはじめ日本の神々と天皇を祀り、柏手を打ち、『教育勅語《ちょくご》』を奉読した。真宗のオーソドックスな教えとは異なる神仏融合の立場を鮮明にし、「法衣《ほうえ》の神官《しんかん》」などと揶揄《やゆ》された。

戦争にも進んで協力した。一九三八（昭和一三）年からは陸海軍病院にて巡回講話を行い、その後、大政翼賛会に同調し、石川県の報国会の主要メンバーとなった。中国・朝鮮の各地をめぐって軍部への講演を行い、天皇と日本精神の絶対性を説いて回った。真宗の戦時向けの教学の策定にも積極的に携わった。

一九四五（昭和二〇）年に日本が敗戦を迎えると、彼は態度を一変させた。神棚を片付け、平和主義と民主主義の信奉者へと転じていった。

†戦後教団の先導と臘扇堂の建立

一九五〇（昭和二五）年四月、金沢大学内に「暁烏文庫」が設立され、暁烏の蔵書五万冊以上がここに寄贈された。蔵書には、仏典をはじめとする宗教書はむろんのこと、哲学、文学、歴史、経済、法律、美術、音楽、自然科学等、ほとんどありとあらゆる分野の書籍が網羅されていた。

一九五一（昭和二六）年一月、暁烏は真宗大谷派の宗務総長《しゅうむそうちょう》（教団運営上のトップ）に就任。盲目の「念仏《ねんぶつ》総長」と呼ばれた。信徒からの絶大な支持を得て、危機にあった教団財政を立て直した。また、後に「同朋会《どうぼうかい》運動」として展開される全国的な教団改革運動の原型を示し、「教化《きょうか》研究所」の新設を提唱した。個人の信仰と教学を何より重視したかたちの、教団のビジョンを提示したのである。往年の清沢の理念を継承したものであった。総長の役職は一年で辞任したが、この間に、戦後の宗派のゆくえを決定づけたと言える。

一九五四（昭和二九）年八月二〇日、明達寺の敷地内に「臘扇堂《ろうせんどう》」が完成した。これは、清沢満之の木像と、それに向かって合掌し礼拝する暁烏の像を納めた八角堂で、暁烏の恩師に対する強固な尊崇の念を造形化したものであった。

この臘扇堂の完成から一週間後の八月二七日、暁烏は逝った。享年、七七歳。近代日本の時代思潮の移り変わりに併走しながら、拠点を変え、意見を変え、ひたすら流転を続けながら、仏教の未来を作るための言葉を発信し続けた一生であった。

2　教養主義者の救済論

†読書家の仏教思想

書物をひたすら読む。ときには多数の本を幅広く読み、ときには一冊の書物をじっくりと精読する。そうした読書の果てに、自分だけの仏教思想を作り上げる。数々の文章や本を書きながら、独自の仏教思想を作り上げる。その思想で、世界を肯定し、自分を肯定する。それが暁烏のスタイルだ。

生涯を通して多量の著作を発表し続けた暁烏の、思想の要点をまとめるのは難しい。だが、大きく三つの時期に分けて、彼の思想の変遷を見て取ることが可能かと思う。

第一の時期、それは『歎異抄』に規定される。同書を繰り返し読むことで暁烏が獲得した、信仰の内容についての考察が中心となる。代表作は、もちろん『歎異鈔講話』(一九一一年)だろう。明治後期に発行されロングセラーとなった。先述のとおり、近代日本に『歎異抄』を拡散させた、最大のメディアの一つがこの本である。

第二の時期、それは暁烏の凋落《ちょうらく》と再生の歩みに規定される。妻の病死や、『中外日報』がしかけたスキャンダルによって、沈没し、信仰にいったんは挫折した彼が、再び立ち上がる過程で生成した思想が中心となる。その思想は、『更生《こうせい》の前後』（一九二〇年）において最も明確に表現されている。本書は、一つの信念が破れ、一つの信念が築かれていく過程を活写した、魅力的なドキュメンタリーである。

第三の時期、それは日本主義に規定される。昭和期の、特に戦時期において、日本を称え、日本の神を拝み、そこに仏教を融合させていった、時局的な発言が中心となる。国家を礼賛し、また日本的でないものに対する排外主義的な態度に貫かれたその思想は、今日に至るまで、しばしば批判の対象となってきた。その問題については、本書の終章で検討したい。

以下では、『歎異鈔講話』［暁烏一九七五a］と『更生の前後』［暁烏一九七五b］に基づき、明治後期から大正期にかけて、すなわち上述した第一と第二の時期における、暁烏の仏教思想について記述する。

†世界の聖典『歎異抄』

『歎異鈔講話』は、まず、『歎異抄』の世界的価値を称える暁烏の言葉から開始される。

いわく、私を他力の信仰に導いた書物の一つが、『歎異抄』である。私を親鸞聖人の信仰者とした書物の一つも、『歎異抄』である。私は、悲しいとき、苦しいとき、憂鬱になったとき、必ずこの書物を取り出して読む。仏教にはたくさんの経典があるが、その中で最も私を慰め、導き、感化し、安心させてくれる聖典は、この『歎異抄』である。私はこの『歎異抄』一部さえあれば、他の書籍や聖典は一切要らない。

カントの『純粋理性批判』、ダーウィンの『種の起源』、ダンテの『神曲』、ミルトンの『失楽園』、どれも立派な書物である。『聖書』、『コーラン』、『阿含経《あごんきよう》』、『法華経《ほけきよう》』、『往生《おうじよう》要集《ようしゆう》』、どれも結構でありがたい。これらの種々の書物は、私に星や月のような光を与えてくれた。だが、『歎異抄』は私に、星や月を照らす、太陽のような光を与えてくれた。ゆえに『歎異抄』こそが、一切の書籍や聖典のなかで、最も立派で結構でありがたい。それは私にとって、唯一の友のような書物なのである。

日本で書かれた書物のなかで、世界に示して大いに輝きうる書物は、この『歎異抄』である。ゆえに、『歎異抄』は真宗の信徒のみが独占すべき聖典ではない。日本国民のみが独占すべき聖典でもない。それは遠からず、世界中の人々に慰めと導きを与えうる書物となるに違いない。

『歎異抄』は、他力宗教の真意を、最も明白に、純粋に、極端に述べた聖教である。世間的な論理や慣習に拘束されることが、微塵もない。のみならず、むしろ否定するぐらいである。

ゆえに、この聖教に無縁の、信仰を得るだけの素養のない者には、読ませてはいけない。いまだ自己の罪悪に泣かず、自己の無力さに気づくことのない者が、『歎異抄』を読んだところで、何も得るところはない。それどころか、悪影響を受ける恐れもある。『歎異抄』は、自分がやがて死ぬという事実に驚いた人、何かに失敗して失意のどん底にある人、道徳的行為の困難さに苦しむ人でなければ、よく理解することができないのである。

『歎異抄』は、自分を悪人や愚人《ぐじん》の列に入れた親鸞聖人が、そのような自己を救ってくれる他力の慈悲を経験したことでできた書物である。それゆえ、『歎異抄』に書かれているのは、一面から言えば、他力の慈悲の心の宗教である。また一面から言えば、その慈悲を受け止める悪人の宗教、あるいは愚人の宗教である。

『歎異抄』の主意は、倫理や学問に拘束されない宗教のあり方を誇示し、倫理以上あるいは科学以上の信仰を高らかに宣言したものである。倫理や科学の立場からこの『歎異抄』を非難したとしても、それらは皆、空言《そらごと》であり、戯言《たわごと》である。

誰から何と言われようが、私は『歎異抄』に示されている信仰が、少しも動じないことを喜ぶ。自分が正しいと思っている人々、自分が賢いと思っている人々は、勝手に騒いでいればよい。私は、自分の無知や弱さや浅ましさに気づいている人々とともに、この『歎異抄』を読んでいきたいと思う。

†信仰だけで成り立つ宗教

昨今の世の中には、学問と宗教とを混同して、宗教は哲学的でなければならないとか、宗教は科学的でなければならないとか、やかましいことを言う人たちがいる。また、こうした風潮に付和雷同する宗教家もいる。実に残念なことである。

哲学にせよ科学にせよ、学問というものは、物事の真偽を区別していくのがおおよその趣旨である。宗教はそうではない。宗教では、真実だと思っていたものが偽物になり、偽物だと思っていたものが真実になり、あるいは真偽が一致することもある。それゆえ、学問によって宗教を律することはできないのである。

今の世の多くの人は皆、自分のささいな知識や才能を頼みにして、賢者のように振る舞い、意気揚々としている。大いに哀れむべきことである。井の中の蛙大海を知らず。有限の知によって無限の能力をはかろうとして、はなはだしく誤っている。そうして自己の愚かさを知る者が少ないから、世の中の争いが絶えず、苦しみも絶えないのである。

親鸞聖人においては、念仏して浄土に往生するという、師の法然上人の発言を信ずるほかには何もない。理屈もない。小言もない。ただ信じるのみである。身も心も、現在も未来も、すべて他力の意志に託するよりほかにない。

そのようにして全身全霊で念仏する理由はなぜかと問えば、親鸞聖人はこう答えてくれる。念仏をすれば、法然上人の言うように浄土に往生するのか、それとも念仏することで逆に地獄に堕《お》ちるのか、自分の知識では到底わからないのだと。理性の上では、判断不可能なのであると。

この答えは、最も明確に親鸞聖人の思想を言い表している。その言葉は、実に私たちのように小賢しく、仏の解剖に取りかかっている者にとっては、不意の一撃となる。

考えてみてほしい。私たちが有限の知識をもって計算可能な世界は、当然、有限である。私たちが有限の世界で満足できるくらいなら、宗教も信仰も必要がない。私たちが信仰を求めるのは何のためか。人はときに出発点を忘れて論点が妙な方向にそれることがあるから、常に出発点を思い出す必要がある。

私たちは、自分の知識や才能ではとても苦悶から逃れられないから、自分を超えた何かを頼りとするのではないか。現世の家族や財産ではとても救われないから、現世以上の何かにすがるのではないか。

その希望に応じて、私たちよりも先に信仰を得た方が、私たちは念仏によって救われると教えてくれるのである。それに対して小言を挟むべきではないだろう。ただ念仏そのものに、自己以上の力、現世以上の光、有限を超絶した能力を認めて、これを信頼するほかないのである。

親鸞聖人は、自分は何も知らぬ者、わからない者という立場から、自分を空にして法然聖人の教えに絶対の価値を認めた。師の教えの真偽について研究することはなく、ただ信じた。たとえ法然聖人にだまされても構わないとし、法然上人と一緒であれば、地獄に行ってもよいとした。どんな奈落の底に堕ちても、師とともに念仏を唱えることを望んだ。

親鸞聖人が生きた時代において、念仏による往生の道を教える人物は、法然上人だけではなかった。だが、親鸞聖人は法然上人と出逢い、初めて念仏による往生を信じることができた。ゆえに、信仰を求める者は、良い師匠を求める努力をしないといけない。この点に関しては、私は亡くなった清沢満之先生に生前に出会うことができて、大いなる幸福であったと信じる。

†学問の（無）意味

今日の僧侶のあいだでは、学者ぶり、智者ぶって、信ずべき聖典に対して何かと議論を行い得意になっている者がいる。信徒のあいだでも、あの方は学者であるというのを結構なことと思っている。

だが、他力の宗派内では、学問は無価値である。学んだ者も学ばぬ者もともに、念仏によるよりほかはない。信仰が唯一の権威である。千巻の経文や注釈書を読破したところで、いったい何であろうか。

親鸞聖人の教えを伝える宗派において、学師だの講師だのという学位風な名をこしらえて学者を優遇するとは、いったいどういうことか。真言宗や禅宗の僧侶が肉食妻帯するのと同様の、滑稽なことではあるまいか。

経文や注釈書を読み学ぶことが不必要だと言うのではない。自分の名誉のためにこれを研究するというのが間違いなのである。博士や学士になりたいための経文の研究は駄目である。博士号を請求するようなさもしい了見で、釈尊の思想を伝える経文がわかるものではない。卒業論文を書くために経文を読むようでは、経文がわかるものではない。学者ぶる人による仏教の議論は、内容も何もない。単なる空論である。

宗教において学問・研究の必要が出てくるのは、自他ともに信仰に導くためにおいてのみである。一切の聖教を拝見してみても、いまだ他力の信仰が得られず、安住できない人は、いかにも学問して絶対他力の研究をしなければならない。つまり、学問は聖教の精神を知るためにあり、そして聖教の精神は、哲学や科学ではなく、他力の救済よりほかはないのである。

学問の目的は人格の完成にある。そして、仏教における学問の目的は、めでたく往生を遂げることにある。世間の学問ですら名誉や自己利益のためにするのは卑しいことであるのに、まして、仏教の学問をして名利を求めるのは、もってのほかである。

かつて、仏教を守るためには学問が大いに必要だと思われた時代もあった。キリスト教からの攻撃、哲学的な論難、科学的な批判などに対して、仏教側も自己の学問研究によって、明晰《めいせき》に弁護できなければならない。それゆえ宗派でも学問を重んじる。そのような時代が確かにあった。

私も以前には、他者からの批判や攻撃に対して、いちいち弁護をしようと気をもんだこともあった。しかし、それは必要のないことであった。いかなる批判や攻撃を受けたとしても、信心を頼みにして動揺せず、念仏のみが尊いと信じて、自分は安心しているのだと主張するだけでよい。学者からの批判に応えるために、学者の列に入って議論や問答に明け暮れるよりも、自己の信仰に慰めを得て、理屈は知らないが、念仏によって救われつつあるのだと告白する。それが、仏教を守り伝えるための最高の方法である。

†超絶的な他力信仰

私がこのようにして、信仰は学問ではない、あるいは道徳でもない、というように語っているると、それでは信仰は感情的なものか、と問うてくる人がいる。信仰というものが、知識の次元、意志の次元、感情の次元のどれに対応するかという問題に関しては、たとえば宗教心理学などで論じられることである。実際に信仰を求める人にとっては、無意味な議論である。

だが、ここに切実に信仰を求める人がいて、自分は如来の慈悲の真実を疑わないが、しかし他の信者のように、飛び上がるような喜びの心が生じてこない。自分には信仰がないのではないか、といったように、自分の感情を基準にして、如来による救済を推し量っているとしよう。この人は、単に信仰は知情意のどれにあたるのかと考える人よりは、切実な疑問を抱えているのであって、そうした疑問に対しては、誠実に答えないといけないだろう。

『歎異抄』の第九章は、そのための導きとなってくれる。如来の慈悲についての喜びが感じられなくても、あるいは、未来に浄土に生まれることの安楽を感じられなくても、どこまでも他力のありがたいことを教えてくれる。私たちの感情は信仰の主体ではなく、感情が救済の条件でもない。そうした事実を明確にしてくれるのである。

如来の慈悲による救済にとっては、私たちの行為は何の役にも立たないし、また邪魔にもならない。私たちの心の働きである知情意も、何ら関係がない。ただ、すべて如来の力によって救われるのであって、私たちのほうからは何一つとして加えるべきものはない。

ここに、純粋な他力の信仰が成立するのである。

他力の信仰において、私たちの信仰は、私たちの知識でも、私たちの感情でも、私たちの意志でもない。そうではなく、如来の智慧であり、如来の愛情であり、如来の意力である。私たちの信仰は、私たちの知情意のどれにも対応しない。如来の知情意を私たちの心にもらい受けた姿が、すなわち私たちの信仰なのである。

自力を捨てた私たちの信仰は、知的でも情的でも意的でもなく、いわば超絶的な心の状態にある。私たちの救済は、私たちの賢さや愚かさ、喜びや悲しみ、善悪のいずれにも左右されず、ただ、彼方からの他力によって成就《じょうじゅ》されるのだ。

†仏陀の消失と一人の自覚

こうして、『歎異抄』に基づく絶対他力の信仰について快調に論じていた暁烏であったが、先述のとおり、妻の死などを契機として、自らの信仰の喪失を経験した。そして、その経験の反省と、新たな心境の述懐のために、『更生の前後』は書き上げられた。

同書は、「緒言（清沢先生へ）」と題された、今は亡き師である清沢を思いながらの、暁烏の懺悔の文章から始まる。自分のそれまでの人生史、己の欲深さ、罪の意識、あるいは共感した小説の概要などについて述べた上で、暁烏は自らの信仰の現状を告白する。

いわく、感激的に仏陀を崇拝し、現状肯定的に慈悲の存在を説明しようとした私の仏陀は、妻の死とともに、否《いや》が応でも私の心から消えてなくなってしまった。自分は罪深い者であるが、この罪深い私をそのまま抱き取ってくれる都合のよい仏陀の恩寵《おんちょう》は、私の前から消え去った。

仏陀にもし大いなる慈悲の力があるならば、どうして私から最愛の妻を奪ったのか。いや、妻が死ななければならない運命であったのなら、なぜ、その運命をどうにかしてくれなかったのだろうか。

妻の死とともに、客観的に実在すると思っていた仏陀、ちょうどキリスト教徒が「ゴッド」といって崇めているような仏陀は、存在しないことがわかった。仏陀とは、ただ昔の人の言葉や、自分の思想によりかかった思い込みでしかないことがわかってきた。

今の私には、やがて救ってもらうべき仏も神もなくなってしまったので、罪も罰もなくなってしまった。今の私は宗教家でも、政治家でも、学者でもなく、ただ一人の人間である。規範も模範もなく、常に創造の生活を送っていくのである。

こうして、自己の都合のために捏造《ねつぞう》した神も仏もない世界にいる私は、初めて神や仏の心がしんみりと味わえるようになったようである。私の胸には今もなお情熱の炎が燃えている。しかも、これが罪にも障りにもならない。生命は躍動している。無数の困難に直面しても、それに耐え抜いて悔いることがない。そんな菩薩の誓いを、心から実感できるようになったのだ。

†書物との接し方の反省

暁烏のこうした新たな認識は、自分が読んだ本や尊敬する人に、あまりにも影響されて自分を見失ってしまいやすい自己の性格を、深く反省することから生まれてきた。そして、読んだ本や尊敬する人に、大いに学びながらも、しかし自分はあくまでも自分であるという信念を研ぎ澄ましていくことで、その認識は強まっていった。

すなわち、大根は油揚げと一緒に煮ると油揚げにかぶれ、鰹《かつお》と煮ると鰹にかぶれ、牛肉と似ると牛肉にかぶれるように、私は清沢先生と一緒にいると清沢先生にかぶれる。親鸞聖人の書物を読めば親鸞聖人の書物にかぶれ、プラトンを読めばプラトンにかぶれ、トルストイを読めばトルストイにかぶれる。

こうして私はいつでも、かぶれたものを自分であるかのごとく思い、語り、切り売りしている。浅薄な、徹底しないところに彷徨《さまよ》っている。これまで語ったり書いたりしてきたことは、すべて誤魔化しであったようにも思われ、単なるかぶれであったようにも思える。こうして語っているあいだも、何かにかぶれているのではないかと思うと、心底、気味が悪い。

だが、今の私は常に思っている。私は親鸞聖人の生活のようにしようとは思わず、ソクラテスの生活のように、トルストイの生活のように、清沢先生の生活のようにしようとも思わない。私はただ私の生活を、私の道を行けばそれでよいと考えている。私は先生を模倣しようと思っても駄目であろう。先生は先生、私は私である。

この一人の道ということに、先生と私のつながりがある。親鸞聖人と私とのつながりがある。私が親鸞聖人を思って嬉しくなるのは、親鸞聖人が崇敬する釈尊の生活も、法然上人の生活も、聖徳太子の生活も模倣しようとせず、自分一人だけの道を進んでいった、という点にあるのだ。

ある友人から、この頃あなたの書いていることは、かつてあなたが言っていたことと違うのではないかと指摘された。だが、違っていてよいのである。私は躊躇することなく過去の幻を葬り去って、新しい生活に進んでいく。あなたは、そんな私の残した、私の抜け殻を大事にして持っている必要はない。そんなものは捨てて、あなた自身の道を生きてほしい。

古今東西の書物を読むのも、師匠に接するのも、これを模倣するためではない。これによって自分の道を発見し、自分の道で努力するためである。私は常に新しくありたい。昨日の私は今日の私ではない。今日の私は明日の私ではない。変化、精進、清新。他人のことなど知らない。私はここに生まれていくのである。

外から来る束縛、内から来る束縛、過去よりの束縛、現在の束縛、すべての束縛を切断して、躍《おど》り出る生命の流れに身を任せ、自己の内にその生命の流れを発見して進展する。阿弥陀如来の本願や名号《みょうごう》というものは、この生命の表現であるに過ぎないのである。

†言語の限界を意識する

過去の私は常に死んでいく。私の行為と思想をまとめた私の生活、すなわち私の信念は、日々に未来の新天地を創造していく。私は決して、固定した永久の真理とか、概念化された神仏や念仏などを、自分の持ち物とはしない。

私は自分の過去の書物を焼き捨てる必要はない。私の著作は、その時代その時代の私の生活の告白なのだから、その時代の私にとっての真理であった。だが、今の私は必ずしもその真理にとどまってはいない。

私のこれまでの著作は、どれも皆、私のかわいい子供であるから、愛着の念は確かにある。けれども、すべての私の著作は、書き終わった後にはすでに過去のものになる。それらは死んだ私の記録に過ぎない。

どれだけ書いたとしても、十分には書くことができない。言語は、生きた生活を記すにはあまりに一般的で、概念的で、閉口してしまう。一般的でなければ互いの心に通じることができないが、一般的であるからすでに書き終えるとこれが化石となり、固定化して、ちょうど生きた人間に対する写真のようになってしまう。

私は先人が「教外別伝《きょうげべつでん》」と言い、「不立文字《ふりゅうもんじ》」と言い、親鸞聖人が自分の生命を込めて書いた文章の終わりに、「かく申すもはからいなり」と書いたことに、深い意味を認めずにはいられないのである。

†誹謗に束縛されない人生

暁烏はまた、『中外日報』による彼への糾弾の記事を意識しながら、宗教者が迫害されることの意味について、自らに言い聞かせるかのように、こう熱弁している。

すなわち、群衆というものは、おかしなものである。自分たちが常に束縛に苦しみ、圧迫に苦しんでいながら、ある者が出現して彼らのために自由の道を教えると、かえって彼を自らの敵として扱い、彼を迫害しようとする。

キリストにせよ、ソクラテスにせよ、日蓮にせよ、法然にせよ、真実を教えた人は皆、迫害を受けてきた。自分の真実を語って迫害を受けないことは決してない。彼は、常に異端者、外道《げどう》、色魔《しきま》、強盗などと悪罵されて、群衆からの攻撃を受けるのである。

誹謗《ひぼう》中傷は、随分と胸を痛めるものである。だが、これがあるからこそ、常に過去にとらわれず、「これからだ」と叫びながら未来の新しい世界へ進む努力ができるようになる。また、これがあるからこそ、世間的な称賛という牢獄にとらわれ、偽善的な態度という死骸のままでいるのをやめて、新世界に突入していけるようになる。ゆえに誹謗中傷は、自分を常に生命の進展に追いやる、慈《いつく》しみの音楽であるとすら言える。

先日、旅先である女性が、先生のことをひどく書いている記事を読んだが、あれは誰が書いたのですか、と尋ねてきた。それに対して、あれは私自身が書かれるようなことをしたのだから、私自身が書かせたのと同様であると答えた。自分に対するすべての誹謗中傷は、自分が書かせるのだと思う。だから、困りも驚きもしない。

自分で自分を責めることの苦痛を味わっている者にとっては、他人からどんなに責め立てられても、その苦痛は自ら責める苦痛とは比較にならないほど小さい。他人からの誹謗には逃げ場があるが、内心からの誹謗には逃げ場がないからである。そして、この内心の誹謗の苦痛から脱出し救済された者にとっては、外界の誹謗などは取るに足らないのである。

そもそも、誹謗や物議の起こるのを恐れる者は、自由の道を行かないほうがよい。相手の性格に応じて教えを説いていれば、群衆は集まってくるだろう。だが、常に自己の道に忠実に、赤裸々に真理に従う者にとっては、それでは何にもならない。彼は多くの友達を欲しないのではない。しかし、互いに虚偽の上にたった友達ならば、いなくてもよいと言うのである。

偉大な釈尊でさえ、その活動した地域に少なからぬ反抗者がいたと伝えられるではないか。キリストにしても、十二使徒のうちの一人も、生前の彼の真の味方ではなかったではないか。親鸞聖人が、「親鸞は弟子一人ももたず候《そうろう》」と申されたのは、古今の偉人が歩んでいく寂しい孤独の道を告白されたのではなかったか。霊界の急先鋒は、常に孤独でなければならないのである。

「未来と最も密接に同盟した人が最も正しい人と考える」というイプセンの言葉は、常に自由に憧れている者にとってこそ親しみが持てる。未来と同盟するということは、過去や現在に束縛されない、往生人《おうじょうにん》の姿である。

3　読書と仏教の近代

†雑誌『精神界』と読書文化

暁烏は、『精神界』という大きな話題を呼んだ雑誌を世に送りだし、そこにおいて『歎異抄』の新鮮な読み方を提示する連載を持つことにより、自らを世に知らしめた。言い換えれば、『精神界』という雑誌を通して自己の仏教思想を売り出すことがなければ、彼が明治以降の仏教界に多大な影響を及ぼす人物として台頭することは、あるいは、なかったかもしれないのである。

明治期の仏教界では、雑誌とその読者たちが作る読書文化が、広範な影響力を持つようになっていた。明治二〇年代をピークとして、数々の仏教系雑誌が次々と刊行されていき、多いときでは年に五〇種類近くにも上る数の、新たな仏教系メディアの創刊が見られた。

そうした大量の雑誌の内の少なからぬ部分が、既存の仏教のあり方に対する批判的な言論で満たされていた。そして、それらの批判的な主張の数々が、新しい仏教のあり方を求める、都市の意欲的な青年仏教徒たちに受容されていった［大谷二〇一二］。

こうした動向の背景には、一方に、明治二〇年代の活版印刷技術や出版流通網の発達があり、他方に、それを受容する読者たちの教育水準の向上があった。出版をめぐる技術やシステムの進化により、本や雑誌を生産・流通させる仕組みが飛躍的にレベルアップし、また、それを消費する知的な読者も、数多く育ってきたのである。

かくして、近代日本の読書文化が成熟し始めるわけだが、そのような潮流に、仏教界の一部もぴったりと寄り添うかたちで展開していった。特に若い世代の仏教者たちが、新しい仏教について書かれたものを熱心に読んだ。のみならず、仏教青年会などを組織して、同年代の仲間たちと共に自由な議論を行った。そして、こうした読書と議論の習慣を身につけた彼ら一人一人が、自らもまた新しい仏教についての書き手になっていく、というサイクルが成立していた。

『精神界』もまた、学生時代に『無尽灯』の編集者を務めていた頃から仏教改革を模索していた暁烏が、同時代の読者が求めていると予感される新しい仏教の思想を、世に問うていくために創刊した雑誌であった。そして、同誌は暁烏の思惑どおり、同時代の読者たちからの熱烈な共感の言葉と、率直な批判の言葉の双方を集め、当時の読書文化を賑わしていった。

『精神界』の創刊当時の最大のコンテンツは、本書の第二章で見た、清沢満之の思想についての記事であった。それは、世間的な価値観や倫理道徳にとらわれない、あるいはそれらを超越した、自己の信仰に関する明晰な表現を基調としていた。

『精神界』が刊行され始めた明治三〇年代は、本書の第三章で述べたとおり、煩悶の時代が開幕した時期にあたっていた。若者や学生が内面的な苦悩を抱えやすく、思い悩んだ末の自殺志願者すら多発した時代である。そうした時代において、何があっても決して揺るがぬ信仰を確立せよと説く清沢の語りは、やや遅れて活動を開始した近角常観の宗教体験論などとともに、多くの読者を魅了していった。

一方に、独自の宗教哲学の構築の果てに我が信念の探索者となっていった清沢がおり、他方に、この清沢による現在の言葉にこそ時代を画する仏教思想の鉱脈がある、と直感的に確信した暁烏がいた。『精神界』を媒体とした「精神主義」の思想は、こうした先進的な宗教者と優れた編集者の協業によって可能になったのである。

†「私」の経験の権威

清沢の死後、今度は暁烏自身が、『精神界』の主力コンテンツの書き手として評価されるようになっていった。その『歎異抄』論は、学問や倫理のような人間によるあらゆる行為や思考のルールを超えた、絶対他力の信仰の意義を、高らかに歌い上げるものであった。絶対他力の信仰を得た自己の経験を告白し、その告白の表現に賛同する読者たちを、新しいタイプの仏教の言葉の運動に巻き込んでいく。そのような力を持った暁烏の文章が、明治後期の『精神界』を舞台にして、長きにわたり持続的に発表され、幅広く受容されていった。

こうした暁烏による信仰告白的な『歎異抄』の読み方は、それ以前の真宗の学僧たちが行っていた、同書に対する模範的な読み方に対抗して、新たな「読み」の権威を打ち立てようとする、革新的な読書の実践であった〔福島二〇〇三a〕。

江戸時代の宗派の学問において、『歎異抄』は、他の浄土経典や親鸞の著作などに書かれた教説との整合性を考慮しながら、その道の権威である学僧たちが、「正しい」解釈を示すべきものであった。それに対し、暁烏は『歎異抄』を読むことで救われた「私」の経験を最大の根拠にしながら、この聖典の意義を語るという、新たな「読み」の方法を編み出したのである。

その新しい読み方の推進は、「学師」や「講師」などと呼ばれる、既存の学僧たちの権威を引きずり下ろすと同時に、個々人による『歎異抄』の自由な読解という新鮮な読書の実践を、世間に広めていった。実際、暁烏による『歎異抄』論が一世を風靡して以降、

「私の『歎異抄』」や「私の親鸞」について語る読者が、後も絶たず出てくるのであり、次章で論じる倉田百三もまた、その一人であった。

†信仰告白と教養主義

ただし、ここで注意すべきは、暁烏による『歎異抄』論が、単に彼の信仰の告白だけではなく、他の複数の書物との対比のもとに提示されていたという事実である。カントの『純粋理性批判』やダンテの『神曲』のような西洋の哲学書や文学書だけでなく、『聖書』や『コーラン』のような他宗教の聖典、あるいはその他の仏典などとの対比において、『歎異抄』の重要性が誇示されているのだ。『歎異抄』は、これらのいずれの書物よりも遥かに価値のある書物なのであると。

絶対他力の信仰について誇らしげに語る暁烏は、その信仰の告白さえしていれば、キリスト教や哲学からの批判に応えなくても問題ないと論じていた。本書の第一章で見たような、キリスト教に対抗するためにも仏教の哲学化を推進していた、明治二〇年前後の井上円了の頃からは、だいぶ遠くまで来たという印象がある。時代は、哲学で理論武装した仏教よりも、魅惑的な信仰の語りのほうを欲していた。

だが、自己の信仰について語る暁烏の文書には、しばしば、他の著名な書物の名前や、それらの書物からの引用が見られた。彼の信仰告白は、そうした他の書物を読み、またそこに記述された言葉の力を借りてくることで、読者の関心を強く引きつける、華やかな作品に仕上がっていたように思える。それは、信仰を得た自らの経験を、素朴にありのままに記述しただけの著作では決してなかったのである。

そうした事情は、信仰の挫折を経験した後、生命の勢いに身を任せる自由な主体として生まれ変わったのだと言う、大正期の暁烏においても同様であった。ソクラテスやトルストイに影響されつつも、自分は自分だけの信念に生きると主張し、親鸞が一人の人間なら、暁烏も一人の人間なのだと熱弁する。そこには、自己の信念を確立していく上で、常に哲学や文学や宗教などの本に依拠することを好み、またその著者らとの終わりなき対話を繰り返す、教養主義者としての暁烏の性格が垣間見える。

『歎異抄』を、他のいかなる書物をも凌駕する一種のバイブルとして読むにせよ、その『歎異抄』も含め何にも拘束されない自由な主体として生きようとするにせよ、暁烏は、多量の読書を通して考えを深めるという、彼のスタイルを決して放棄することがなかった。延々と本を読み、引きも切らず文章を書くことで、仏教に新たな生命を吹き込む。そうしたスタイルの徹底が、宗派の旧態依然とした教えや、自分の過去の思想を、絶えず否定しながら進む彼の歩みを規定した。

†江戸時代の読書文化

書物の生産と消費により仏教思想を更新していくという暁烏の実践は、近代社会において顕著に見られる現象の一種であった。だが、近代において突然あらわれた現象ではむろんない。前近代の僧侶らにしても、仏典などの書籍を読み込み、その注釈書や自身の著作などを書くなかで、仏教に対する斬新な考え方を発達させてきたことは疑いない。日本仏教の宗祖らの多くも、そのようにして独自の宗派を切り拓いていったのであった。

とりわけ、日本の出版史上でも一つの画期をなす江戸時代においては、書物の生産と消費のされ方が、従来にないかたちで仏教のあり方を変えていった。近代における書物を通した仏教思想の変容は、その直前に位置する江戸時代の状況の延長上にあると言える。

そもそも、江戸時代において出版された本のうち、かなりの部分が仏教書であった。当時の書籍目録によれば、仏教書の出版の最盛期であった江戸期の半ば頃には、年間に発行された本の半数近くが仏教書であった。

江戸の前期には、幕府による学問・仏教の振興策を受けて、僧侶の専門的な養成機関（檀林《だんりん》・学林《がくりん》）が整備され、そこで用いる教科書的な仏教書に対するニーズが高まった。また、寺請制度を基盤とした民衆の仏教に対する親近感の高まりによって、経典や学問的な書物のみならず、比較的わかりやすく読みやすい通俗的な仏教書も、数多く出版されるようになった。

特に絵入りの仏書については、江戸の後期から出版件数が伸び始めた。その背景には、江戸時代を通した読者層の拡大と、一般向けの売れ筋商品を積極的に製作しようとする、出版社の側の戦略があった。

それにより、特定の宗派の僧侶だけでなく、専門的な知識のない一般の信徒や、さらには当該の宗派には属していない外部の読者までもが、その宗派の教えを知ることが容易になった。のみならず、場合によっては、その宗派の公式の教えとは異なる教説に触れる可能性すら出てきた［上野二〇一四］。

たとえば東西本願寺（真宗教団）では、商業出版社が次々と刊行していく「偽書《ぎしょ》」の氾濫に手を焼いた。偽書とは、当該の本の著者名を親鸞や蓮如《れんにょ》などに偽って仮託しつつ、内容的には真宗の教えから逸脱した書物のことである。この偽書が世間に広く流通し、信徒らがそれを読むことで、異端的な信仰や思想が拡大することを、真宗教団の学僧たちは危険視した。

そこで、教団では本願寺の公認した聖教集を編集・出版し、それを僧侶や信徒に示すことで、聖教の真偽を明確にしようとした。そうすることで、異端思想の隆盛と拡散を何とか防ごうとした。民間の出版社が商業的な利益を見込んで刊行し続ける偽書の影響を抑制するために、教団が出版社と対立しつつ、宗派の「正しい」教えを確認し、その権威を守ろうとしたのである〔引野二〇一五〕。

このように、江戸時代における読書文化の成熟を背景として、宗派の公式の教えを尊重せず、ただ市場のニーズに応えようとする民間の出版社が、しばしば異端的な信仰や思想を示す仏教書を売り出していった。宗派が掲げる正統的な教えなるものは、その外部で刊行される書籍と、それを受容する読者たちによって、常に挑戦を受ける可能性があるという状況が、江戸時代においてすでに成立していたというわけである。

†僧侶の教養主義

明治以降における出版と読書の文化のさらなる発展は、宗派の伝統的な権威をもはや完全に無視するかたちでの、仏教思想の生産と消費を可能にした。

たとえば、『精神界』とほぼ同時期に、『新佛教《しんぶっきょう》』という雑誌メディアを通して拡張していった新仏教運動の思想は、どの宗派にも属さないどころか、そもそも従来的な基準では「仏教」なのかどうかも曖昧であった。その雑誌『新佛教』に寄稿した人々による文筆や演説の活動は、特定の宗派に依拠した仏教の、将来的な衰退を予言するかのような運動として展開していった〔新佛教研究会編二〇一二〕。

真宗大谷派という特定の宗派に属する暁烏のような人物であれば、もちろん、宗派の既存の教えから過剰に逸脱した思想を語ることは、認められなかった。『歎異抄』に傾倒して革新的な信仰を告白しようと、周囲からの誹謗を恐れず自己の信念を貫き通す探究者として発言しようと、彼が大谷派から追放されることは一度もなかった。一時は、その思想の異端性を責められたこともあったが、危機を何とか切り抜けながら、仏教（真宗）の漸進的な改革を進めていった。

しかしながら、親鸞の思想について、釈尊のみならずキリストやさらには劇作家であるイプセンなどと並列させせながら語る大正時代の暁烏に、宗派の伝統に対する敬意がそれほど強くあったようには思えない。彼はむしろ、世界の名著を読むような感覚で仏教に向き合い、親鸞を読んでいたように思える。暁烏にとって仏教書は、釈尊や親鸞の教えを伝えてくれる神聖な書物ではなく、自己の思考や人格を高めるための知的な霊感を与えてくれる、魅力的な文字や紙のまとまりであった。

こうして仏教を教養主義的に受容する僧侶が積極的に発言するようになった時代に、親鸞を主人公とする一冊の書物が発売され、瞬く間にベストセラーとなっていった。およそ鎌倉時代の僧侶とは思えない、西洋思想やキリスト教に影響されたような発言を繰り返す親鸞を描いたその作品は、教養主義の時代における必読書の一つとなることで、多くの読者たちの脳裏に、近代的な親鸞像を植えつけていった。

『出家とその弟子』。この決定的な一冊と、同書の著者である倉田百三の人生を論じながら、次章では、教養としての仏教の確立について考える。

第五章

私だけの親鸞——倉田百三

倉田百三（1891-1943）

1　教養による自己確立

†作家的感性の形成

倉田百三《くらたひやくぞう》（一八九一―一九四三）は、自己の根拠を求めて彷徨《ほうこう》した。異性との恋愛、哲学や宗教、あるいは文筆活動によって、自身の生きる基盤を模索した。身体や心の病にたびたび苦悶し、挫折を経験しながら、『出家とその弟子』をはじめとするいくつかの著作によって、時代を代表する作家の一人となった。晩年には、日本主義の共同体に自己の根拠を見出し、同時に仏教の信仰についても思索を続けながら、幸か不幸か、愛する日本の敗戦を目撃する前に死亡した。こうした倉田の求道者的な生涯を、まずは簡単に振り返っておこう［鈴木一九八〇］。

一八九一（明治二四）年二月二三日、倉田は広島県三上《みかみ》郡庄原《しようばら》村（現・庄原市）の呉服商の家に、長男として生まれた。倉田家にとっては待望の男児であり、四人の姉、二人の妹のなかで、周囲の寵愛をひときわ受けて育った。姉妹に囲まれながら繊細な感性を磨き、趣味として浄瑠璃を語る父親からは、ロマン的な世界に遊ぶ豊かな想像力を受け継いだ。小学校を終える頃、長姉が病気のために急死し、人生の無常を知った。

一九〇四（明治三七）年四月、倉田は庄原からは少し離れた三次《みよし》の三次中学に入学した。そのため、叔母の家に下宿して通学するようになった。そこでの五年間の生活は、後に彼が『出家とその弟子』を執筆する上での機縁となった。三次は真宗信仰の盛んな町であり、叔母夫婦も熱心な信徒であった。『出家とその弟子』が刊行された際、同書はこの叔母に対して捧げられた。

中学の卒業後には第一高等学校（一高）への進学を希望していた倉田であったが、彼を商家の跡継ぎにしたかった父は、これに反対した。一方、倉田はこの頃、「時子」という娘と恋愛関係にあり、彼女との結婚を認めてくれるなら一高への進学は断念してもよい、と父に迫った。父はこの結婚に賛成したが、相手の親のほうがこれを認めず、倉田は深く傷心した。見かねた父は、彼の一高への進学を許した。

†生（性）の哲学と恋愛の挫折

一九一〇（明治四三）年九月、倉田は一高に入学した。同期には、芥川龍之介《あくたがわりゅうのすけ》や菊池寛《きくちかん》、後に東京大学の総長となる矢内原忠雄《やないはらただお》らがいた。倉田は同校で猛勉強し、立身出世を志した。

一九一二（明治四五、大正元）年のある日、倉田は西田幾多郎の『善の研究』を読んで猛烈に感動し、ものの見方を改めた。「立身出世」の野望を捨て、哲学的な探究によって人生の真実をつかむための生活が始まった。そして、その探究を進めていく上で、自己の霊と肉を併せた全生命をかけて合一できる対象として彼が見出したのが、異性すなわち女であった。

倉田にとって哲学者とは、知を愛する者ではなく、生を愛する者のことであった。彼は西田に、真の「愛生者」を見て取った。西田こそ、真剣に自己の問題について思考する人であった。一方、生を愛することを重んじる倉田にとって、性欲の匂いのする愛については何も説かない西田の哲学には、不満も残った。

生の求道者となった倉田の生活は、しかし、ひたすら荒れていった。霊肉ともに一体化すべき女性に出会えなかったからである。学校をさぼり、酒におぼれ、借金をして、怠惰に破滅しかけていた。

そこにようやく、待望の女性が現れた。妹の同級生で、出会ってからすぐに急速に距離を縮めていった。幸福の絶頂にあった倉田は、一高の学内誌に、「他人（異性）の内に自己を見出さんとする心」と題して、恋愛至上主義的な情熱あふれる文章を寄稿した。恋愛だけが人生のすべてであるかのように論じるこの文章は、校内でも話題となり、問題となり、一高の自治会のあいだでは、倉田を鉄拳制裁《てっけんせいさい》せよ、との意見も出てきた。慌てた学校当局は、同誌に謝罪文を掲載して事を収めた。

彼女との恋愛に夢中になっていた倉田は、相変わらず学校を欠席し続け、落第生となった。ところが、一九一三(大正二)年の夏、その彼女から絶縁状が届いた。本人の意志ではなく、家の都合で別の縁談が定められたからであった。大きな衝撃を受けた倉田は、それに加えて病気にもなった。結核であった。死を予感した。

こうして彼は、恋に破れ、病に伏せ、学業に復帰することも叶わず、一高を退学して故郷へと帰っていった。

†キリスト教、一灯園、他力信仰

結核の療養を開始した倉田は、徐々にキリスト教に魅了されていった。特に中世の教父たちの思想に共感した。また、教会にもよく通うようになった。キリスト教における共生の理念や、無償の愛の教えを、自らの理想とした。

一九一四(大正三)年九月、倉田は広島病院に入院し、そこで看護婦の神田はると知り合った。彼女と恋仲になるが、過去に痛い目を見た恋愛に対しては、疑問も感じた。人間の利己的な性欲と、キリスト教が説く普遍的な愛とのあいだで、激しく葛藤した。

一九一五（大正四）年一二月、倉田は現状の行き詰まり状況を打開するために、西田天香《にしだてんこう》が主催する、京都鹿ヶ谷《ししがたに》の一灯園《いっとうえん》に入った。

一灯園は、第一次世界大戦後の経済格差の拡大を目の当たりにした西田が、経済的困窮者たちに生きる指針を与えようとして、「托鉢行願《たくはつぎょうがん》」を基礎にした共同生活を行うために開いたものであった。粗食と、便所掃除などの労働の無償奉仕を生活の基本としながら、自然に逆らわない無所有の思想によって、社会にオルタナティブな価値観を広めようとした。

倉田は、この一灯園での暮らしに熱中していたが、そこに神田はるがやって来た。当初、二人は別々の修行者として一灯園で活動した。だが、ほどなく二人は「共棲《きょうせい》」の生活に入った。

自身の欲望のコントロールに難儀した倉田は、西田の示す道では自己を救うことは困難であるとの自覚に至った。西田が勧める自力的な行ではなく、他力的な救いの道のほうに傾いていった。暁烏敏《あけがらすはや》の『歎異鈔講話』を貸してくれるよう、三次の家に依頼するなどした。

一九一六（大正五）年六月、倉田は一灯園を去った。直接の原因は、実家の姉の危篤の知らせが届いたからであった。いずれにせよ、再び一灯園に戻ることはなかった。

故郷に帰った直後、親族が三人も立て続けに死亡した。七月の内に、三姉と次姉が結核で死去し、ほどなくして祖母も逝去した。その後、実家に多額の借金があることが判明し、また家督相続上の紛糾が生じた。

一方、神田はるが彼の子を身ごもったが、彼女は倉田の家では妻としての地位を与えられなかった。倉田の看護婦として、使用人のような扱いを受けたのである。倉田の胸中は穏やかではなかった。この頃から彼は、「心の内に寺を建てる」ことを望み始めた。

†『出家とその弟子』刊行とその後

一九一六年一一月、同人雑誌『生命の川』に「出家とその弟子」の初回分が掲載され、翌年二月、単行本として岩波書店より『出家とその弟子』が刊行された。同書の刊行の経緯としては、倉田が岩波書店の店主である岩波茂雄と知人であったことや、その他の一高時代の友人の助力などがあったようである。

『出家とその弟子』は、出版後すぐにベストセラーとなった。夏目漱石の『こころ』(一九一四年)と並んで、創業間もない岩波書店の主力商品となり、同書店の発展を支えた。

『出家とその弟子』は、親鸞を題材とした戯曲であった。だが、それは親鸞の事績を伝えることを意図したものではなく、あるいは真宗の教義を伝えるための書物でもなかった。倉田に言わせれば、それは「私の心に触れ、私の内生命を動かし、私の霊のなかに坐を占める限りの親鸞」を描いた作品であった。同書は、教養主義の文化に染まった学生や青年たちにとって、必読の一冊となり、長きにわたって読み継がれた。

同書を出版した年の秋、倉田の病状はまた悪化した。以後、二年ほどのあいだは病床生活を送るようになった。自分はまるで「墓石」になったようだと、その厳しい胸の内を述懐している。死は常に彼の身近にあった。

一九一七（大正六）年一一月、倉田は清沢門下の人々が発行していた『精神界』に文章を寄稿した。同誌の方針に対して注文をつけるものであった。すなわち、思想や信仰の世界においては派閥や党派性はあってはならず、はじめから真宗に限るのは不自然である。仏教でもキリスト教でもマホメット教（イスラーム）でも、等しく認めるべきではないか、という趣旨であった。『出家とその弟子』の出版後、倉田は真宗の信徒とみなされることがあったが、彼はそうした一面的な評価を固く拒んだ。

一九一八（大正七）年、福岡で療養していた倉田は、武者小路《むしやのこうじ》実篤《さねあつ》とその同志たちが宮崎県児湯《こゆ》郡木城《きじょう》村（現・木城町）に開いた「新しき村」に協力し始めた。「新しき村」は、階級闘争のない「自他共生」を理想とする農業共同体であり、一種のユートピアを目指した運動であった。

倉田はこの運動に賛同し、福岡市内の仮住まいとしていた金龍寺境内の堂を、「新しき村」の支部として提供するなどした。だが、この「村」の人々があらわにした、自分たちこそが理想に向かっているのだという態度からただよってくる、エリート意識や集団的な自己満足の匂いを警戒し、やがてこの運動からは離れていった。

†強迫神経症とファシズムへの道

一九二三（大正一二）年、倉田は「アララギ」に入会し、島木赤彦《しまきあかひこ》から短歌の指導を受けるようになった。歌を作ることに、心の安静と、自分が生きる世界を肯定するための方法を求めたのである。歌を詠む自己と、歌に詠まれる対象とが完全に一致し、調和する世界を彼は体得しようとした。そして、ときにそうした体験を実際に得ることができていた。

だが、その数年後の彼には、世界との調和は失われ、むしろ世界との疎隔が待っていた。重度の強迫神経症が彼を襲ったのである。自分がいま認識している対象の、全体と細部とが、ちぐはぐに、バラバラにしか認識できなくなった。目の前の物体が、ずっと回転し続ける恐怖にとりつかれた。眠ろうとして目を閉じると、なぜか目のなかがずっと見えてしまい、ろくに眠ることができなくなった。

そこで、森田療法で著名な森田《もりた》正馬《まさたけ》の指導を受け、強迫観念に抵抗するのではなく、逆に随順する方法を教わった。それにより、精神の病からは徐々に回復していった。

強迫神経症を克服した倉田は、一九三一（昭和六）年より、新たな求道生活を開始した。二月には、京都の亀岡に大本《おおもと》（教）の出口《でぐち》王仁三郎《おにさぶろう》を訪ねた。四月から夏にかけては、成田山新勝寺の堂にこもり、断食と水行にはげんだ。さらに年末には、埼玉県野火止《のびどめ》（現・新座市野火止）の平林寺《へいりんじ》（臨済宗妙心寺派）において参禅を重ねた。こうした求道の果てに、彼は、自己と他者、自然と宇宙、すべてが一つの「如来」であるとの認識に到達した。

世界と一体化することで自己の安心を獲得した倉田は、社会や国家の問題のほうに関心をシフトさせていった。一九三三（昭和八）年八月、日本主義団体である国民協会の結成に携わり、世間を驚かせた。経済的な面からの社会改革を唱えるマルクス主義に対抗して、「生命主義」の立場から、よきファシズムの理想を提唱した。

一九三七（昭和一二）年六月に解散した文芸懇話会に代わり、新日本文化の会が設立されると、倉田はその機関誌『新日本』の編集長に就任した。さらに日本主義文化同盟にも加入し、「日本主義は日本民族の神話から出発した思想でなければならぬ」「一も二もなく時局に合流し、権力に追随」などと気を吐いて、文化人や学生らに対して、国粋主義的なイデオロギーを喧伝《けんでん》していった。

一九三九（昭和一四）年一〇月、日本民族と漢民族との「精神的融合」のために、倉田は中国大陸への旅に出た。二カ月ほどの旅の後、疲れが出て発病し、入院した。二年と少しの入院生活の後、自宅に戻り療養生活に入った。

一九四三（昭和一八）年二月一二日、倉田は世を去った。少し前に病床を訪れた文芸評論家の亀井勝一郎《かめいかついちろう》に対し、彼は微笑しながら「浄土はあるか」と問うたという。「死とともに浄土が浮かび出てきてわしを包むならば……」。享年、五一歳。病や死の不安に苛《さいな》まれ続け、各種の宗教的世界観に親近しながら、しかし特定の信仰には徹しきることのない一生であった。

2　物語られる宗教

†思想書としての『出家とその弟子』

『出家とその弟子』（一九一七年）の主人公は、言うまでもなく親鸞である。だが、その著者自身が述べているとおり、親鸞の事績や思想を正確に描いてはいない。むしろ、親鸞の事績や思想を参照しながら、著者である倉田自身の思想を親鸞に代弁させていると理解するのが、妥当なところであろう。

親鸞だけではない。この作品の他の主要な登場人物である、親鸞の弟子の唯円《ゆいえん》、息子の善鸞《ぜんらん》、親鸞のもとで信仰に目覚める日野左衛門《ひのさえもん》なども、それぞれが、倉田の思想の一面の代弁者であると言える。とりわけ、遊女との恋に悩める唯円の言動には、青春時代の倉田の想念が強く投影されている。

あるいは、本作の「序曲」において「人間」と対話する、「顔蔽《かおおお》いせる者」と命名された神のような存在もまた、倉田の考えるところの、人間の運命についての解説者である。つまり、この戯曲は、倉田の思想の断片を託された登場人物たちが、それぞれの考えや感情を交互に語っていくことで、倉田の宗教的なイメージの世界を浮かび上がらせていくという格好の作品となっている。

そのイメージの中心にいるのは、もちろん、親鸞である。だが、彼以外の語り手たちもまた、作者から与えられた言葉を自己に忠実に表現していくことで、親鸞の思想ではなく、倉田の思想を描く本書の世界の造形に貢献しているのである。

以下では、『出家とその弟子』[倉田一九九四]に描かれた、倉田の思想の一断面を確認していく。

†物語の前提としての世界の理不尽

本作の冒頭には、本編となる親鸞たちの物語の前置きとして、「顔蔽いせる者」と一人の人間による対話の一幕が描かれる。この「顔蔽いせる者」とは、人間に対して世界の真実を伝えることに尽力している、謎の超越的存在である。

与えられたこの世の生を楽しもうとし、千年も万年もいつまでも生きていたいと願う人間に対して、この存在は、人間は「死ぬるもの」であると冷静に言い放つ。そして、人間が死ぬのは、罪があるからであると説明し、「死ぬる者」である人間は、すべて罪人であり、悪人であると主張する。

のみならず、かつての幸福な時間が過ぎて、互いに憎み合うようになった恋人たちや、朝には元気にしていたが、午後には事故で死んだ子供を例にしながら、壊れるものはすべていつか壊れることを知らしめる。そうすることで、決して壊れない確かなものを、人間に求めさせようとする。

だが、苦しみにあえぐ人間が、何かに祈ることによって確かなものをつかもうとすれば、祈りなどは祈る人間への一つの打撃によって、容易に崩れてしまうものだと切って捨てる。さらに、人間がこれまで殺してきた生物たちの呪詛の声を聴かせ、生物は互いに殺し合わなければ、一時も生きてはいられないことを教え込もうとする。

人間が同情を求めれば、同情するのは自分の役目ではないと述べ、逆に壊滅的な自然災害をもたらしてみせる。大地が激しく揺れ、暴風雨が起き、屍体の山が築かれていく。

この世界は、人間に対してときに理不尽な苦しみや破壊や死をもたらす。それどころか、そうした苦難の責任を、当の人間の不完全さに帰属させ、ますます人間を追いつめていくこともある。宗教的な祈りや願いが、このような苦境からの抜け道を示してくれるかどうかも定かではない。

「顔蔽いせる者」が語るのは、そうした世界の理不尽な現実である。それは一方で、あらゆる思想や物語は、こうした現実を認めることから始めるしかないのだ、という諦念にも似た前提の確認でもあるのだろう。

†人間の「業」と仏の愛の力

日野左衛門は、自己の心の弱さゆえに、皮肉を言い、悪を気取り、何かを恐れ、酒におぼれ、他人にあたり散らしながら生きている男である。そして、その弱さゆえに、親鸞と共鳴することができた人物である。

彼にとって、仏教の説く地獄や極楽の話は、すべて人間をいましめるための嘘であった。

もし本当だとしても、地獄だけが存在するように思えた。そう考えなければ、腹黒い人間だらけの世の中で、心の善い者が馬鹿な目を見るような身の回りの状況を、説明することができないではないか。

善人の顔をした嘘つきがはびこる世の中に嫌気がさした彼は、いっそ悪人になってやろうと決意する。どうせこの世は自分の利益しか頭にない人間ばかり。であれば、他人にやさしい人間のような顔をしたり、自分は他人にやさしい人間なのだと自分を欺《あざむ》いたりするよりも、私は悪人ですと公言していきたい。たとえ他人に泣きつかれたとしても、まったく気にかけることのない、心の強い悪人になりたい。

悪人の自覚を持った彼にとって、善い行いを勧めてくる僧侶は、嫌悪の対象であった。彼らは言う。善いことを行っていさえすれば、必ず極楽にいけるのだと。なるほど確かにありがたい教えである。しかし残念ながら、この世界は善いことができないように工夫して作られているように思える。

現に自分は、毎日毎日、生き物を殺し、それを食べ、心の内で人を呪い、女を見ては欲情を起こしている。そのような現実を乗り越えようとする僧侶らは、自分とは無関係の存在であるに違いない。

ところが、そうした悪から逃れられない自分に、心から共感してくれる僧侶が現れた。

自分の意志では思い通りにならない自分の行いについて、それは「業《ごう》」の力によるのだから仕方がないとして、まるごと認めてくれる人に出会えた。

その人は、自分もまた悪人であると言う。周囲の人々に対する恨みの念に苦しめられていると言い、生命を喰らいながら生きていかざるをえないと言う。自己の運命に対する自覚が深まるほどに、その悪の根深さに対する意識も強くなるのであると言う。

その人は、悪人である自分は、地獄に行くことが決定づけられていると確信したと言う。と同時に、悪人のままで極楽に行けると信じているとも言う。それは、愛の力によると言う。善悪を超えて働く、仏の愛の力。その力が、私たちを悪人のままで助けてくれる。罪を赦《ゆる》してくれる。自分はそれを信じて生きており、それを信じずには生きられないのであると。

それを聴いた彼は、大きな鐘の音を聴いたような気がした。その音が魂の底まで冴え渡って響き、前からずっと待ち焦がれていたものが、遂に来たような気持ちになった。その救いの言葉は、決して嘘ではない。まるで前から知っていたかのように、救いが自らのものになった。

人間の魂は、本質的に善くありたいと願う。しかし、人間が宿命的に背負っている「業」の力に妨げられて、その願いをかなえられない運命にある。自らのなす悪の行いを根絶できない運命によって、人間は罰せられている。

だが、そうした不可避の運命を知った上で、運命に対して憤《いきどお》っているばかりではなく、その運命を肯定してくれる宗教的な愛の力を信じたとき、そこに一つの救いがもたらされるのかもしれない。日野左衛門の改心は、そのような救いの可能性を示唆している。

†宗教への懐疑と人間交際の安心

善鸞は、この世界とのズレの感覚に悩みながら、酒や女や友情に心の支えを求めている男である。親子関係の不和が、そうしたズレの感覚が生まれる原因としては大きかったようである。親鸞という、子育てに失敗した親との関係の不全さが。

彼は、彼を慕う女に対して、自分の寂しさには際限がないと言う。魂の底まで寂しい。その寂しさから逃れるためには、酒を飲んで体を燃やし続け、宴《うたげ》を催して騒ぐことで、人生は楽しく、善いものであると信じ込むしかない。そうすれば、世界は調和し、誰もがまるで子供のように、喜びに浸《ひた》ることができるはずではないか。

だが、そうして酒を飲み続けていても、腹の底は冷たいままである。そのような苦しい胸の内を、唯円という年下の友人は、親身になって傾聴してくれ、受け止めてくれている。彼のすさんだ心は、この大好きな同性の友人との語り合いにおいて、一時の安らぎを得ていた。

彼は、物心がついたときから、女に対する意識が頭から離れたことがなかった。自分の醜さや弱さを隠さずに交わることのできる相手として、女に憧れた。だが、人妻との道ならぬ恋に破れ、彼女を亡くしたことで、人生の不調和に対する意識を深めた。

何も信じることができない。彼は、世界のすべてを疑うようになった。何という変な世界なのか。すべてがズレた人生であるように思える。悲しみと憤りと悩みがやまない。しかし、それでもなお、女の肌にしがみつかざるを得ない。そこには依然として、彼の苦しみからの逃げ場があった。

彼の友人は、仏様はどのような罪人も、罪のままで許してくれると語る。だが、彼にはそのような教えは、容易には信じることができない。その救いの教えが、あまりに都合よくできあがっているように思えるからである。まるで、極悪人の心が、自分の都合のいいように作り出したような教えではないか。もっとも、その教えを素直に信じられないのもまた、自分が犯してきた罪に対する罰であるかもしれないと彼は思う。

世界や自分の人生に対する懐疑から自由になれない彼は、信頼する女に自己の悲しみを語り、彼女の膝の上で泣く。彼女の共感に満ちた言葉を聴いて、そこに自分の良心の代わりとなるものを見出す。彼女のためにも、もう少し強くあらねばならないと自分に誓う。

神も仏も自分も信じられない人間が、その苦悩から脱却しようとしてもがくとき、助けとなるのは、自分と心や体を交わしてくれる、他の人間しかいない。この世のすべてを疑いの目で見る善鸞の嘆息と安息は、宗教的な救済とは異なる、そうした安心への道程を物語っている。

†恋から愛へ

唯円は、自分のなかにわき起こる恋心に驚き、その感情にどう向き合うのが正しいのかを必死で考えている男である。その青い考えを、師である親鸞との対話において深めることが、現在の彼の人生の、最も切実な課題であった。

彼が恋した相手は、若い遊女《ゆうじょ》（娼婦）であった。そのため、彼の仲間や先輩たちは、その恋を思いとどまるよう、彼を説得しようとした。だが、彼はそうした説得に対しては、ほとんど聞く耳を持たなかった。

自分は、どうしてもこの恋が悪いものとは思えない。こんなにも涙と感謝の感情のともなう恋が、悪いものであるはずがない。彼女を思うと喜びが全身にあふれ、彼女のことを考える自分の心は、真実で満たされる。彼女と自分がどれだけ真の愛に生きているか、皆にも知ってもらえたら。この恋に対する胸の底からわき上がる願い、決してあきらめたくはない。

だが、周囲の人間は、この彼の恋に対して強固に反対する。自分はどうすればよいのだろう。恋がこんなにも辛いものとは思わなかった。ほとんど絶え間のないこの心配。けれども、その奥からやってくる深い喜び。おののくような、泣きたいような、死にたいような嬉しさ。自分は間違っているのだろうか。今していることが、いいのやら、悪いのやら、自分には何もわからない。自分がこんなにも弱い人間だったということに、この恋を知るまでは気がつかなかった。

眠られぬ夜が続き、心がいつも重荷を背負っているような気のするなか、彼は師匠に問いかけた。何度も誓いを交わした二人の恋が、かなわぬことがあるのでしょうか。

その問いに対して師は答える。人間は、何一つとして誓うことはできないと。満開の桜が、夜の嵐によって散らないことが誰にも保証できないように、明日を知らない人間は、何も誓うことはできないのだと。

一方で、仏の許しがなければ、ひとひらの花びらも地に落ちることはない。この世界で生まれ、滅びる一切の出来事は、すべて仏のもとにある。恋もまたそうである。多くの恋心のうち、成就するのは仏に許された恋だけで、その他の人々は誰もが皆、失恋の苦《にが》みを味わう運命にある。

彼は師に問う。それでは、人間の願いと運命とは、互いに見知らぬ人間同士のように、無関係のものなのでしょうか。いやむしろ、暴君とその犠牲者のような、残酷な関係なのでしょうか。「こうありたい」という願いを、「こう定められている」という運命が、蹂躙《じゅうりん》してしまうものなのでしょうか。

師は答える。そこに祈りがあるのだと。互いに背反するような願いと運命を内面的につなぐのは、祈りなのであると。祈りは運命を呼び覚まし、運命を創り出す。「二人を結びたまえ」という祈りが、仏の耳に届き、その心を動かせば、祈りがかなえられ、それが二人の運命となる。

恋のために祈るとは、真実に恋をすることにほかならない。聖なる恋とは、仏に許された恋のことである。あるいは、一切のものを呪わない恋のことである。一切のものを呪わない恋とは、何も誓わない恋のことである。たとえ恋が実らなくても、仏を恨まない恋のことである。

聖なる恋は、他人を愛することによって深まっていく。愛するとは恋することとは違う。愛の働きには無限性がある。愛は、百人を愛すれば百分されるような量的なものではない。Aを愛しているから、Bを愛さないというのは、真の愛ではない。たとえば、恋人と逢いたくても、もし友人が病で伏せっているのであれば、彼を看病するために、恋人たちが忍耐と犠牲を選ぶ。こうした愛の行いによって、彼らの恋はより尊いものになっていく。

だが、恋の渦巻きの中心に立つ人間は、しばしば恋の実相を見ることができない。相手を愛することができずに、ときに呪ってしまうことがある。相手の運命を幸せにすることを目的とせず、逆に、相手を犠牲にしてしまうことがある。恋が互いの運命を傷つけないことは希《まれ》であり、それゆえ恋は罪となる。そうではなく、聖なる恋は、相手を隣人として愛さなければならない。

こうした師の教えを聴いて、彼は絶望的な気分になる。自分には、そのような聖なる恋はとてもできない。互いに慕いながらも、傷つけ合っていくことしかできそうもない。そう思い、惑いながらも、師の指示に従い、彼は仏に祈る、「二人を結びたまえ」と。

恋は、宗教を信じる人間にとっても、そうでない人間にとっても、他の何かによっては代替のし難い、強力な感情の高揚をもたらす。他方で、その感情が永遠に続くことはないことによって、恋は限界づけられている。

そうした恋の限界を突破するのが、宗教的な祈りや、普遍的な愛である。唯円がさらけ出す青春の歓喜と苦悩の先にあるのは、人間が恋から転じて愛へと向かう、希望と困難の道であろう。

†死の不安と肯定

親鸞は、九〇年に及ぶ生涯を振り返りながら、差し迫る死への不安と、死後の世界への希望に生きている男である。その人生の幕引きを前にして、彼はすべての心残りを清算しようとしている。

九〇年という時間。その間に自分がしてきた様々なことは、だが、まるで夢のように感じられる。自然のなかで遊んだことも、巡礼に出ていた日々も、恋の悩みや嬉しさも、皆遠くに、泡のように消えてしまった。何もかもが過ぎてゆき、後には寂しい墓場が待っている。

そして、どこからともなくやって来て、私の魂に重なる、この寒い影は何だろう。遂にその日が近づいてきたようだ。誰も避けることのできぬ運命。何十年も前から、私はその日を待っていなかっただろうか。絶え間のない罪と闇の生涯の終わりにやって来る、あの永遠の静かな安息を。

それなのに、この打ち克《か》つことのできない不安は、いったいどうしたものだろう。私にとって、死は損失ではない。長い間、私は墓場の向こう側の調和の世界を信じて生きてきた。それだけが私のたった一つの希望であった。

それなのに、私の生命のなかにはまだ、死を欲しない何かが残っている。煩悩《ぼんのう》の力の、このしつこさはどうだろう。今更ながら恐ろしくなってくる。人間の宿命としてある業の働きと、墓場まで戦い続けなければならぬとは。

肉体的苦痛は、人間を大いに不安にさせる。地上で一番大きな直接的な害悪だ。人間に与えられた刑罰だ。私も断末魔の苦しみが気にかかる。この最後の重荷を、これから私は堪え忍ばねばならない。その後には、しかし湖水のような安息が、私の魂を待っている。

死は、すべてのものを浄化してくれる。私がこの世にいるあいだに結んだ憎しみの関係も、犯してしまった過《あやま》ちもみな、弔《とむら》いの心持ちがきっと和《やわ》らげて、ことごとく許されることだろう。墓場に生い茂る草は、汚れた記憶を埋めてしまうことだろう。私もすべての呪いを解いた上で、この世を去っていきたい。誰もが皆私に親切なよい人であったと思いながら、彼らの幸せを祈りつつ、さよならを告げたい。

臨終の様《さま》が美しいかどうか、それは救いの証《あかし》とは関係ない。世の中には様々な死に方をする人がある。私のように、愛する弟子に囲まれて死ねる恵まれた人間もいれば、殺されて死ぬ人もいる。自然災害で死ぬ人もいれば、思いがけない事故で死ぬ人もいる。だが、どのような臨終を迎えても、仏を信じているならば、助けてもらえることは確かである。信心に一切の証は存在しない。

私の魂は、いま天高く飛翔して、人間界の限りを越えようとしている。墓場のあちら側とこちら側の二つの世界の対立と、その必然的なつながりが、私の心の眼に見えようとしている。地上の法則は消滅して、魂はいま新しい天の法則の支配に入ろうとしている。いまこそすべての矛盾が、一つの深い調和に帰そうとしている。この世での様々な苦しみが、すべて無駄でなかったことがわかり、それが仏の愛と義の計画であったことを知ろうとしている。

臨終の間際、これまで遠ざかって生きていた息子と再会し、対面した。私が天に返る日に、彼の信仰を確かめたかった。だが、彼は何もわからないと言う。何も決められないと言う。それでもいいのだ。皆が助かっている。この素晴らしい調和した世界では、きっと誰もが——。

こうして天に召された親鸞は、人間がこの世で経験しなければならない最後の苦しみであり、同時に、この世で経験してきたすべての苦しみを解消してくれる死の力を肯定し、そこに最終的な救いへの扉を求める、一つの世界観を表現している。

3　仏教の教養化

†近代的な親鸞像の形成

『出家とその弟子』で描かれる親鸞は、優柔不断で悩ましく、人間臭く、そしてバタ臭い［末木二〇一〇］。他力的な信仰に生きていることは確かだが、その救いの手前で、死の不安に怯えていることを隠さない。自分と同じような悩みを抱える人間に対しては、等身大で共感し、弟子が打ち明ける恋の苦しみに対しても、情熱的な態度で真摯《しんし》に向き合う。そして、日本の仏教とは明らかに毛色の異なる、西洋のキリスト教に由来する言葉も用いながら、人々に語りかけ、彼らを導こうとする。

倉田が思い描く「私だけの親鸞」が、そこには存在している。彼が、親類から教わった真宗の教えや、自身で学んだ哲学やキリスト教の思想や、『歎異抄』をはじめとする親鸞に関する書物を読んで得た知識を、自分の気に入るようにパッチワークすることで創作された親鸞が、そこに姿を現している。

こうした、個人の脳内で作り上げられ、語り出される親鸞というのは、歴史的に見て、それほど昔から存在していたわけではない。

親鸞がまだこの世に生きていた時代には、もちろん、その生身の人間に対するイメージが、基本的な親鸞像であった。やがて、彼の逝去の頃からだんだんと、彼をただの人間ではなく、仏菩薩《ぶつぼさつ》の化身として仰ぎ、その神聖さを説く風習が広まっていった。あるいは、彼の事績を明らかにするための伝承的な物語が様々に編集され、伝えられていった。

そうした説話や物語は、個々人が親鸞に関する著書を読むことから生まれてくるようなものでは、まったくなかった。中世社会において、親鸞を開祖として仰ぐ複数の系統の門人たちが、それぞれの集団ごとに正しいと信じる親鸞の伝承を、仲間内で語り合い、聴き合い、確かめ合いながら、物語として共有していくものであった。そこには、個人の独創的なイメージが介入する余地など、ほとんどなかった。

江戸時代の頃になると、親鸞を題材とした浄瑠璃が演じられるようになり、また、平仮名で書かれた絵入りの親鸞伝が、民間の出版社から刊行されるようにもなった。こうした一般庶民にも理解しやすい親鸞の物語の普及は、多様な親鸞のイメージを拡散させていく契機ともなりえた。

だが、親鸞を扱った浄瑠璃は、宗派の権威を守ろうとする本願寺などからの圧力により、禁止に追い込まれていった。一方、平仮名の親鸞伝は、当初はやはり宗派からの出版妨害を受けたが、次第に野放しになっていった。ただし、そうした平易な親鸞伝の書物もまた、個人が孤独に黙読するものではなく、複数人が集まり声に出して読むのが通常であった。それゆえ、集団ごとに画一化された親鸞のイメージが、依然として共有されやすい状況にあった［塩谷二〇一一］。

倉田が創造したのは、こうした語りによって集団的に共有される親鸞像とは異質の、倉田という個人による思い込みの産物としての、「私だけの親鸞」であった。

前章で論じたとおり、暁烏敏のような教養主義的な僧侶が「私の親鸞」について語るという風習は、倉田が活躍する時代より以前に、すでに存在していた。だが、あくまでも特定の宗派に属していた暁烏が、宗派の既存の親鸞像や、古臭い教学への対抗意識のもと、彼の親鸞像を語っていたのに対し、単に一人の読者であり一人の作家であった倉田の場合は、事情が大きく異なっていた。

倉田には、特定の宗派に対する信仰心も対抗心もないどころか、仏教の伝統や権威に対する意識そのものが、あまり明確には見られなかった。彼は、自分の関心の赴くままに、勝手に『歎異抄』や『聖書』を読み、勝手に宗教に関する学びを深め、勝手に彼の宗教観を形成していった。彼にとって大事なのは、自分が生き、ものを考えていく上で、そうした宗教の学びがどれだけ役に立つかということであって、特定の仏教の伝統や権威などは、興味の対象外であった。

そのように、特定の仏教の伝統からは遠く離れた人間が、彼の内面からわき起こってくる強烈な情念に駆られて、親鸞を主人公にした本を書き上げ、出版し、そしてその本が、数多くの知的な読者たちに支持された。教養としての仏教が、ここに至って確立されたのだと言ってよい。

†「人間親鸞」と近代文学

倉田が切り開いた、自己の思想的・宗教的な趣味や教養に基づく親鸞像の自由な創作は、少なからぬ追随者を生み出した。そのうち特に早い時期の創作者として、大きな注目を集めたのが、作家の石丸梧平《いしまるごへい》であった。彼が新聞に連載し、単行本にまとめた親鸞を主人公とする小説は、これもまた当時の大ベストセラーとなり、倉田の作品とはまた別のタイプの近代的な親鸞像を、世に広めることに成功した〔大澤(絢)二〇一四〕。

石丸は、「東京朝日新聞」と「大阪朝日新聞」に若き親鸞の人生を素材とした小説を連載し、それらを『人間親鸞』(一九二二年)と『受難の親鸞』(同年)のタイトルで刊行した。大正後期の新聞という、マス・メディアを当初の媒体として執筆されたこの両著は、幅広い読者層を念頭に置きながら、親鸞の思想と行動を記述していた。

そこに描かれていたのは、小説のタイトルにあるとおり、「人間親鸞」の徹底としての親鸞像であった。石丸の作品では、倉田のそれ以上に、人間臭い親鸞の姿が描かれた。

石丸が小説に書く親鸞は、自己の性欲や家族との関係に、煩悶し続ける人間であった。しかも、そうした絶え間ない苦悩を、宗教的な救済の方向に容易には転化することができずに、ひたすら迷い揺れながら、その苦悩の現実的な解決方法を求めて生きていく人間であった。

倉田の親鸞が、人間の「業」から信仰へ、恋の苦しみから愛の祈りへといったように、人間の限界への意識を普遍的な宗教思想へと転回させていったのに対し、石丸の親鸞は、どこまでも人間の現実にこだわる傾向が顕著であった。そのリアリティの高さは、同じように日々の暮らしに悩み、人間関係の痛みを味わっている大衆の心をつかみ、倉田の作品のファンとは微妙に異なる読者層を開拓していった。

こうして「人間親鸞」のバリエーションが増えていったわけだが、ここで注意すべきは、その「人間」性に対する作家や読者たちの勝手な思い込みを柔軟に許容してしまう、親鸞という僧侶の特異性であろう。たとえば、空海や法然や道元などを主人公とした場合、ここまで人間臭いフィクションの創作は、難しかったはずである。

自己の等身大の視点から、できるだけ距離感のない親鸞像を造形したのは、もちろん、近代社会に生きた作家たちであった。とはいえ、そのような造形を誘う要素が親鸞の側にもなければ、そもそも、この僧侶を自らの思想や世界観の代弁者にしようとは、彼らも考えなかったに違いない。

人間の欲望を制御する仏教の戒律を守れずに、結婚し、家庭を築いた僧侶。九〇年もの長生きをして、敬愛する人との離別や、親子関係の断絶を経て、大いに悩んでいたに違いない男。生きた時代や社会はまるで違ったとしても、恋人や家族のことで気をもんだことのある作家や読者たちが、この特異な僧侶に自己の勝手な思いを託すのは、無理のないことであっただろう。

本書の序章において、近代の仏教をリードしたのは真宗の僧侶たちであったことを述べた。その理由として、肉食妻帯の習俗を伝統的に採用しており、近代以前から俗人との距離も近かった真宗僧侶は、他の宗派の僧侶に比べて、近代社会の変化に適用するのがずっと容易であったことなどを指摘した。

こうした事情は、親鸞が近代文学の題材として人気を集めた理由とも、部分的に重なるところがある。厳しい戒律に基づく出家生活をまっとうし、厳格に生きた高僧は、畏敬の対象になりこそすれ、共感の対象にはなりにくい。対して、俗人に限りなく近い僧侶として、その生活のなかで育まれた信仰や教えを提示した親鸞は、世俗の暮らしを生きる多数の読者を満足させなくてはならない、近代の文学や出版の世界とも、非常に相性がよかったのである。

†大正時代の親鸞ブーム

石丸が「人間親鸞」の文学によってベストセラー作家となった一九二二（大正一一）年には、それ以外にも、タイトルに「親鸞」の名の入った小説や戯曲が、ほとんど毎月のように刊行された。それは、まさに「親鸞ブーム」と評すべき事態であった［千葉二〇一一］。

そのブームを担った作者たちは、キリスト教に傾倒していた作家や、親鸞の伝記について研究していた真宗僧侶から、村上浪六《むらかみなみろく》のように時代の空気を読んで親鸞小説を書いた流行作家や、後に国民作家となる吉川英治《よしかわえいじ》（一九二二年に「東京毎夕新聞」で連載した小説を翌年一月に『親鸞記』として刊行）まで、多岐にわたった。

この「親鸞ブーム」の背景としては、まずもって倉田の『出家とその弟子』の人気とその影響力が、やはり大きかった。特にブームの前年には、帝国劇場で上演された本作が大好評を得ており、さらにブームの最中《さなか》にも全国で上演されたことで、このブームの勢いに拍車をかけた。

また、一九二一（大正一〇）年一〇月に、いわゆる「恵心尼文書《えしんにぶんしょ》（消息）」が発見されたことも重要であった。同文書は、親鸞の妻である恵心尼が、末娘に宛てて書いた手紙だが、これが親鸞の実在を証明する決定的な根拠となったのである。

明治以降の実証史学の発達により、残された史料の少ない親鸞の実在を疑う意見が、歴史学者や知識人のあいだでは行き渡っていた。こうした親鸞の実在性に対する疑義が、恵心尼による手紙が西本願寺の宝庫から見つかったことによって、完全に払拭された。かくして、親鸞という「人間」が、この日本という国において確かに生きて存在していたことが、誰にとっても明らかな事実となったのである。

こうした「親鸞ブーム」の熱の冷めやらぬ一九二三（大正一二）年、真宗の立教開宗七百年を記念して、大規模な法要が開催された。東西本願寺をはじめ真宗の各宗派が一致団結して、親鸞思想の宣伝に努めるとともに、仏教界の著名人を招き講演会を開くなどして、法要を盛り上げた。

この一大イベントに参加するため、京都の本願寺などには、全国から何百万もの人々が押しかけた。そこに集まった群衆の多くは、熱心な真宗の信徒であっただろう。だが、そのなかには、倉田の戯曲や石丸の小説を読んで親鸞に興味を持ったり、親鸞を好きになった人々も、一定数は確実にいたはずである。そこでは、真宗の開祖としての伝統的な親鸞のイメージと、近代文学に描かれた「人間親鸞」のイメージが、同床異夢のごとく共存しつつ、真宗と親鸞のための祭礼を盛り上げたものと思われる。

このように、既存の仏教の伝統や権威からは、多かれ少なかれ距離をとりながら生産・消費される教養としての仏教は、しかし、ときとして既存の仏教の伝統と交差し、場合によっては、その伝統の活性化に貢献することもあるのである。たとえその活性化の運動に加わる人々が、既存の仏教の伝統や権威に対しては、いかなる関心も抱いていなかったとしても。

†ラジオ放送と空前の仏教ブーム

倉田らの活躍によって大正期に本格的に進められていった仏教の教養化は、大正末から昭和初期にかけて、その進展のスピードをさらに加速化させていった。この時期に誕生した新しいメディアが、その加速化を促す強力な装置となった。すなわち、ラジオである［坂本二〇一一］。

日本では一九二五（大正一四）年にラジオ放送が正式に開始されたが、その当初より「ラジオの使命」として、聴取者である国民の教育が目指されていた。そのため番組のジャンルとして、報道や娯楽（音楽や演芸）に加え、教育・教養に対しても多くの時間が当てられた。こうした教養番組の比重の大きさは、日本のラジオ放送の一つの特徴となった。他国のラジオが音楽番組に最も時間を割いたのに対し、日本では教養番組の時間こそが最長であったのである。

そうした教養番組中心の初期ラジオ放送において、欠くことのできない人材となっていたのが、仏教者たちであった。優れた話術によって聴取者を啓蒙し、彼らを導く人生訓を巧みに語ることのできた仏教者たちが、ラジオ界のスターとして、大きな影響力を持つようになったのである。

高嶋米峰《たかしまべいほう》は、そうした仏教者たちの先陣を切った人物であった。高嶋は、寺院出身者ながら、寺から離れて在家の仏教徒となり、東洋大学で教鞭を執っていた。彼は、ラジオ放送の開始直後から、縁あって番組に出演することになった。そして、仏教を主とする幅広い教養に基づき、現世肯定的な人生観を説く内容のラジオ講話を繰り返し、人気を博した。また、放送局に仲間の仏教者たちを次々と紹介することで、ラジオ界に仏教関係の人材を供給する斡旋者ともなった。

高嶋はその青年時代に、既成仏教の批判と社会改良を目指す、新仏教徒同志会による運動（新仏教運動）の中心的なメンバーとして活躍していた。井上円了などの影響下にあったその運動は、特定の宗派の教えにこだわらない、超宗派の新しい仏教を志した。

新仏教運動が掲げた超宗派の理念は、しかし、運動が展開された明治後期から大正期のあいだには、社会的に広く浸透することはなかった。その当時は、依然として特定宗派の仏教や、あるいは清沢満之や近角常観らが担ったような、宗派の伝統を背負った改革的な運動のほうが、社会的に広く受け入れられていた。

だが、この新仏教運動の理想は、ラジオという二〇世紀前半の最強のマス・メディアを通して、昭和初期には受容者を一挙に拡大させていった。この時代において、ラジオ放送は日本放送協会のみが独占する公共事業であり、そこでは、特定の宗派に傾斜した内容の話は好まれなかった。対して、超宗派的な仏教をベースにした高嶋のような人物による講話は、ラジオ番組の制作者たちにとっても、非常に望ましいものとして重宝されたのである。

一方、その高嶋の人気を凌駕するようなラジオ講話を行ったのが、友松円諦《ともまつえんたい》という仏教学者であった。高嶋の影響下にあった彼は、一九三四（昭和九）年より朝のラジオ番組「聖典講義」で『法句経《ほつくぎよう》』の講義を行うようになり、これが大反響を呼んだ。その反響を受けて、友松は同じ「聖典講義」への出演で人気者となった高神覚昇《たかがみかくしよう》らとともに、超宗派の「真理運動」を立ち上げるなどし、都市部を中心にして、空前の仏教ブームを巻き起こしていった。

友松がラジオで講じ大評判となった『法句経』は、釈尊の肉声を伝える最古の経典の一つであり、仏教の基本的な思想を表現した書物とされる。だが、日本仏教の各宗派内では熱心に読まれることはなく、友松のラジオ講話において、初めて世間に広く知られるようになった。この『法句経』もまた、特定の宗派に肩入れしないラジオ放送のような場においてこそ、適切な内容のテキストであったというわけだ。

こうして、昭和初期の時代には、宗派的な仏教の伝統をできるだけ排除する公共放送から、言葉巧みな語り手たちによる、親しみやすい仏教の話が、定期的に流れてくるようになった。数百万の聴取者にメッセージを届けることのできたラジオ放送への参入によって、仏教は、その教養化の時代の頂点を迎えたのである。

†寺院や僧侶の要らない仏教

かつての日本において、人が仏教についての知識を得たいと思ったときには、寺院に行き僧侶の話を聴くことが、最も手っ取り早く、オーソドックスな手段であった。だが、近代における仏教の教養化の展開は、こうした過去の慣習を相対化し、むしろ時代遅れにすら思わせてしまうような、新しい環境を整えていった。

仏教について知りたければ、書店や図書館に行き、仏教関係の本を購入したり借りたりすればよい。そこには、経典に関する平易な解説書もあれば、親鸞などの著名な僧侶を題材にした、読んで楽しい小説などもあるだろう。それらの本の著者は、僧侶である場合もあれば、寺院とは特に関係のない、作家や学者である場合もあるだろう。

いずれにせよ、それらのバラエティ豊かな書籍のなかから、自分の知的関心にそった本を選ぶことは、特定の寺院の僧侶から仏教の話を聴くことよりも、仏教の知識を得るための方法としては適当であろう。知識や教養のレベルにばらつきのある個々の僧侶たちに頼るよりも、自分の知りたいことが直接書いてありそうな仏教書を手に取ったほうが、早く、確実なのである。

あるいは、公共放送の教養番組に耳を傾けてみれば、そこでは、特定の宗派の布教や教化とは差別化された、押しつけがましさの皆無で、とても明快な仏教の解説が行われていたりする。その内容で知的好奇心が十分に満たされるのであれば、寺院の僧侶の教えなど、特に必要ないだろう。

倉田のようなベストセラー作家や、あるいはラジオ放送のスターとなった仏教者たちは、大正期から昭和初期にかけて、こうした教養化された仏教が支配的な環境を、日本社会のなかに徐々に拡張していった。

そうした環境は、戦後における仏教関係書の多様化や、著名な僧侶や仏教学者たちのテレビ番組への出演などにより、ますます広がっていった。そして現代においてもなお、インターネットという新たな情報発信と収集のための媒体をそこに加えつつ、日本社会のなかに一定の空間を確保している。

かつての日本において、寺院や僧侶の存在を抜きにして仏教について考えるなど、およそありえないことであった。だが、いまや寺院や僧侶の存在を念頭に置かずとも、仏教について考えることは十分に可能である。そして、そのような抜本的な変化をもたらしたのは、近代において本格的に開始され、次第に加速化していった、仏教の教養化の展開なのであった。

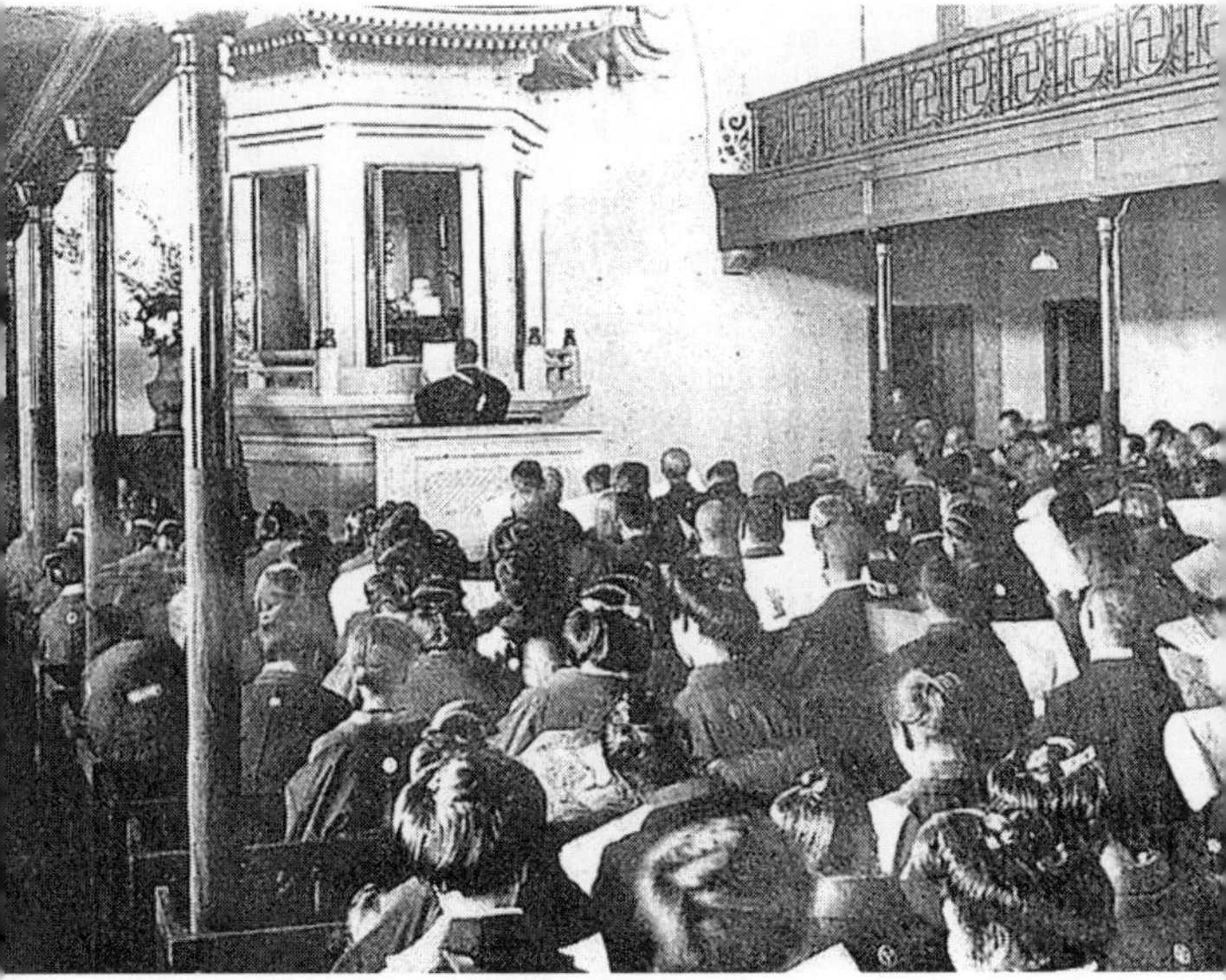

終　章
近代仏教思想の可能性

大正時代の求道会館（近角真一氏提供）

1　戦時下の仏教

†仏教界の戦争協力

本書の序章で述べたとおり、近代の仏教教団や仏教者たちは、国家に対して忠誠心や貢献度をアピールし続けることを自らの使命とした。そうした仏教界の基本的な姿勢が、最も鮮明になったのが、国家にとっての一大事である、戦時下であった。日清戦争や日露戦争の渦中にあって、仏教界の大勢は、戦う国家に進んで協力していったのである。

戦時下における仏教界の国家貢献の取り組みは、国民の総活躍が求められた日中戦争の開始（一九三七年）以降、際限なくエスカレートしていった［小川原二〇一四］。

たとえば真言宗の僧侶たちは、中国に対して弘法大師《こうぼうだいし》（空海）の慈悲の精神を届けようとしたが、それが受け入れられなかったので、やむをえず「不動明王《ふどうみょうおう》の剣」を抜くのだといった主張をし始めた。仏教の不殺生の戒律については、怨敵《おんてき》を抑え鎮め「調伏《ちょうぶく》」するためには、「生き物の命を取っても何ら差し支えない」として、殺人が正当化された。

真宗大谷派（東本願寺）の法主であった大谷光暢《おおたにこうちょう》は、一九三八（昭和一三）年に中国の戦場や占領地や「満州国」を訪問した。現地では、部隊司令官への表敬訪問や、軍の病院への慰問、あるいは戦死者慰霊祭などが執り行われた。また、現地に建立された神社への参拝も行われた。その様子は、「東洋平和の黎明《れいめい》」と題したドキュメンタリー映画にまとめられ、日本国内で広く上映された。

本願寺派（西本願寺）の法主であった大谷光照《おおたにこうしょう》もまた、同時期に国内外の戦地を足繁く回っており、将兵の慰問や、説教、法要などを勤めた。一九三九（昭和一四）年九月には、その光照自身が少尉として応召され、大勢の信徒に見送られながら、戦地へと向かっていった。

こうした仏教界の戦争協力に対して否を唱え、戦争は「罪悪」であると主張した竹中彰元《たけなかしょうげん》のような僧侶（真宗大谷派）もなかにはいた。一九三七（昭和一二）年八月には、戦争に対して祈願を捧げるような行為は、真宗の精神に背くという趣旨の発言を公にした。

だが、その反戦の発言は、同じ宗派の僧侶たちに咎《とが》められ、役場に通報され、結果、彼は逮捕されてしまった。逮捕後の彼は、過去の発言を撤回し、自分は反戦論者ではないと弁明した。仏教界が国家と癒着しつつ、こぞって戦争協力に邁進するなか、一人孤独に反戦の姿勢を貫くのは、きわめて困難なことであった［大谷二〇一二］。

戦時下における宗教の国家（社会）貢献は、もちろん仏教界だけが行っていたものではなく、キリスト教界でも当然のごとく実施されていた。あるいは、天理教などのいまだ歴史の浅い新宗教の教団も例外ではなかった。特に新興の宗教団体の信者らにとっては、戦争に積極的に協力することが、宗教界のマイノリティとして差別や迫害を被ってきた弱い立場から抜け出して、一人前の「国民（臣民）」の仲間入りをするためのチャンスにすらなっていた［永岡二〇一五］。

だが、日本の宗教界において、依然として圧倒的な勢力を誇っていた仏教教団は、他の宗教に比べても、遥かに緊密な関係を国家と結びながら、戦時下の道を歩んでいった。

そもそも、仏教の各宗派の管長《かんちょう》（教団のトップ）は、明治期の法令によって、「勅任官《ちょくにんかん》」の待遇を受けていた。その地位は、天皇の指令というお墨付きを受けるかたちで成立していたのである。

また、一九三八年七月には、仏教界の連合組織である「仏教連合会」が、文部大臣より財団法人としての設立許可を得た。他の宗教の連合組織が任意団体にとどまったのに対し、戦時下の仏教界は、「民法」によって明確に差別化されていたのである［大澤二〇一五］。

こうした国家内での特権的な位置づけのもと、仏教界は、政府や軍部との相互依存関係を強めつつ、「大東亜共栄圏」の建設のために、多くの資財や人材や人命を投下していった。

†暁烏敏の神仏論と天皇礼賛

昭和の戦時下において、仏教の立場から戦争協力を肯定するための思想をリードした僧侶の一人が、本書の第四章で論じた、暁烏敏《あけがらすはや》であった〔近藤二〇一三〕。

暁烏は、明治の日露戦争に直面した際にも、国家による戦争に対してはおおむね肯定的であった。だが、昭和期の彼は、それ以前にはほぼ見られなかった、天皇を中心にした神道と、真宗の仏教を融合させた、奇妙な仏教思想を唱え始めた。その異形《いぎよう》の仏教思想は、しかし、戦時中の真宗教団の公式的な「戦時教学《せんじきようがく》」に組み込まれるなど、次第に大きな力を振るうようになっていった。

暁烏いわく、神の道と仏の道は、二つではなく、一つである。インドの釈迦のみが仏陀ではなく、日本の天照大神《あまてらすおおかみ》もまた仏陀である。日本を建国した神武天皇は、浄土を建設した阿弥陀如来と同質である。暁烏にとって、日本神話と浄土教は別のものではなく、心のなかで同一化されるべき教理なのであった。

彼によれば、この世に現前している天皇は、生き神であるとともに、生き仏《ぼとけ》であった。現人神即現人仏《あらひとがみそくあらひとぼとけ》であった。神の道と仏の道とが一体となって、人間界に顕現したのが天皇であり、皇室の血統を継ぎながら、世界の真理を体現した存在が、現在の天皇にほかならなかった。

その天皇が統治する日本に対する不満を述べる者は、阿弥陀如来に対して不平を言うのと同じことである。あるいは、天皇の示す道（皇道《こうどう》）に背こうとする者は、神仏の心に背く者である。神道と仏道と皇道という三つの道を、等しいものと受け止め歩んでいくことこそ、日本の臣民としての正しいあり方なのである。

そして、この臣民の道を歩む者は、天皇のために身も心も命も捧げるのが当然である。ゆえに、天皇に捧げるための魂を十分に養い、落ち着いて奉公する覚悟をしておく必要がある。そのためにも、真宗の教えを学び、そこに大いなる生命を認識し、その生命を安心して捧げていくのがよいのである。

こうして、日本の人々が臣民としての忠誠の道をまっとうし、ときに名誉の戦死を遂げていくことこそが、戦時下の暁烏の念願であった。

†「国家神道」と仏教

戦時下の暁烏が示した、神道、仏教、天皇の一致論は、真宗の伝統的な教義からは大きく逸脱しており、戦時下の「時局」でなければ、おそらく異端扱いされたであろう思想であった。そこでは、真宗の教えの絶対性が、神道や天皇に対する過激な傾倒によって徹底的に相対化されてしまっており、もはやそれが真宗の教えである必要があるのかどうかさえ、疑わしくなっていた。

ゆえに、これを「国家神道としての仏教」の一種であるとして、仏教が「国家神道」の一部と化し、仏教とは異なるものへと完全に変質してしまったと評価する見方がある［新野二〇一四］。この「国家神道としての仏教」は、暁烏がリードした真宗（大谷派）のみならず、浄土宗や禅宗などにおいても類似のものが見られた。それは、昭和の戦火のピーク時において、仏教界を席巻した宗教的世界観であったと考えられるのである。

暁烏の戦時下の思想については、しかし、こうした評価とは別の見方も可能であろう。暁烏が、「国家神道」に飲み込まれながらもなお、同時に、仏教の意義を変わらず説き続けたことに注意を向けるという視点である［福島二〇〇三b］。

暁烏は、確かに、天皇を、国家を、神道を、礼賛し続ける発言を繰り返した。しかし他方で、その「国家神道」は、同時に仏教と不即不離の関係にあるのであり、浄土の神聖な教えがあってこそ、国民が「国家神道」に随順するための道が完成する、といった趣旨の発言もしていた。

これは、見ようによっては、「国家神道」を仏教の文脈で読み替えることで、神道一色に染まりかねない国民の心を、仏教の側に取り戻すための道を残していたとも理解することができる。もし戦争に向かう国民の心を統一したいのであれば、天皇＝神として一元的に仰ぐ教えを共有させたほうが有効なのであり、天皇＝仏（阿弥陀如来）という独自解釈では、教えを解釈する共同体の分裂を導きかねないのである。

もっとも、こうした解釈の分裂を通した仏教の自立を、暁烏が自覚的にねらっていたというわけでは断じてなかった。戦時下の彼が仏と神の一致を説く際、そこではしばしば、仏に対する神の優位性が主張されていたからである。戦時下の彼のなかで、神仏は一致していたが、しかし、それは両者の力関係の不均等なかたちでの一致であった。

たとえば、暁烏はこんな発言を残している。「天照大神様の御力の前に跪くこと以上に、まだえらい阿弥陀様といふものをかざつておるなら、そんなものは外国にいくがよい」［暁烏一九四〇］。仏を神の上位において拝むような人間は、日本からは出ていくべきなのであると。そこには、仏教を通した「国家神道」に対する抵抗や自立への意志など、微塵もなかった。

†近代仏教思想の終焉

戦時下の暁烏による独特の神仏論や天皇論は、彼を教養主義者として捉える本書の視点から見ても、興味深いところがある。
すなわち、カントもトルストイもイプセンも、『聖書』も仏典も親鸞も、ともに世界の名著のような扱いで読んでいた彼は、昭和期に入り、日本の神々について記された『古事記』などの古典を、最重要の本として精読していくようになった。その結果、彼のなかで真宗の教えと神の道が重なっていき、さらには、日本の神の道を体現すると信じられた天皇の存在が、彼の脳内を占拠する中心的な思想となっていった。

特定の宗派の伝統や権威よりも、自己の人生と思考を前に進めてくれる書物や恩師の言葉のほうが、彼にとっては大事なものであった。そのため、「国家神道」が流行と化した時代に、神道の精髄を語る書物や天皇の存在に導かれながら、仏教を再解釈していくことは、彼にとっては自然な成り行きであった。そこには、読書を通して自己の思想を同時代の思潮に同調させていこうとする、一人の教養主義者の主体的な従属の姿があった。

こうして、神と仏の線分をなくし、政治と宗教の境界を乗り越えていった暁烏は、「法《ほう》衣《え》の神官《しんかん》」として戦争協力に邁進し、戦時下の国民を鼓舞し続けた。その思想の駆け抜けていった跡には、だがもちろん、無数の屍と、国土の荒廃だけが広がっていた。

暁烏たちが明治以降に切り拓いていった近代の仏教思想は、ここに一つの悪質な終焉を迎えた。そう言い切ってしまっていいだろう。敗戦後の暁烏は、驚くべき変わり身の早さで、民主主義の擁護者となった。仏教の立場から民主主義の大切さを説く、その空疎な思想のかけ声は、戦後社会の一角に白々しく響いた。

一方、国民の大量死を厭《いと》わない国家を礼賛していた近過去の思想については、ほとんど反省されることはなかった。それは、戦後すぐには直面するのが困難な、一種のトラウマとなっていた。その当事者たちのあいだでは、まるで忘れ去られてしまったかのように、少なくともしばらくの期間は、容易には語りえないものとなった。

2　近代と仏教の想起

†変容し続ける仏教思想

以上のように、近代仏教思想の一つのバッドエンドを確認したところで、ここで最後に、本書の主要登場人物たちによる思想の展開を、ごく簡単に振り返っておきたいと思う。その上で、一つの無残な終焉を迎えた近代の仏教思想の、しかし依然として残る現在的な可能性についても、将来のために少し語っておかなければならない。

近代の仏教は、廃仏毀釈や僧侶身分の解体などを経て、大きな危機感のなか、国民を教化する「宗教」としての自意識を強めていった。一方で、西洋発の強大な宗教であるキリスト教の進出や、さらには西洋の哲学や科学の参入を前にして、単に宗教であるにとどまらない、新しい自己のあり方を求めて、急速な変化を遂げていった。

そこでまず重視されたのが、「哲学」であった。同じ西洋社会からの来訪者でありながら、日本人の心を奪い合うべき敵対相手であるキリスト教とは異なり、哲学は、仏教の思想を批判する挑戦者にもなれば、仏教の思想を改善していく際の協力者にもなりえた。同じ宗教同士では相容れないが、哲学は宗教にとって、敵にも味方にもなりえたのである。

そして、その哲学を言葉巧みに仏教の味方につけた先駆者の一人が、井上円了であった。円了は、同じ宗教でも、哲学と相性のよいのは、キリスト教ではなく仏教であると主張した。その自説を証明するためにも、彼は、仏教の哲学化を猛然と進めていった。

仏教を哲学として考え直し、その理論化を究めようとした円了の努力は、後輩の清沢満之を感化した。この非常に有能な後輩は、先輩の仕事を部分的に引き継ぎつつ、さらに進展させていった。先輩以上に西洋哲学の学びを深めていくことで、遂には独自の宗教哲学を構築するに至った。

だが、体が弱く悩みがちであった清沢は、やがて自分自身の魂の救い（安心）を、仏教に対して希求するようになった。哲学的な思弁への愛着を保ちながらも、哲学では十分には救われることのない自己を発見していった。そうした自己を救うことができるのは、絶対的な信仰だけであった。こうして哲学と信仰の狭間《はざま》に身を置いた清沢は、哲学の限界を意識しながら、なおも哲学を手放さないまま早世した。

清沢のさらに後輩である近角常観は、彼もまた仏教の哲学化の運動に若い時期に参与しつつ、だが、かなり早い時期に哲学を放棄した。哲学に代わって彼が仏教に活力をもたらすものとして強調したのが、「体験」であった。世の中が内省的な傾向を深めていく時代に、彼は、内的な宗教体験としての仏教について鮮やかに語り出し、悩み多きエリート青年たちからの絶大な支持を集めた。

近角が明示した自己の体験を基軸にした宗教論は、生前の清沢が別のかたちで示していたものでもあった。ただし、清沢が、自己の内面にある信仰の意味について、哲学で鍛えた論理を用いた説明を試みていたのに対し、近角の場合、その体験の価値を保証していたのは、仏教（真宗）の「伝統」であった。

近角は、自己やその信徒たちの宗教体験を、仏教の長きにわたる信仰と救済の伝統の、反復であると唱えていた。そう唱えることで、仏教の伝統を、近代社会を生きる人間を支えるための力として再生しようとした。そして、その試みにおいて一定の成功を収めた。

こうした伝統の力は、しかし近角とほぼ同時代に活躍した暁烏敏においては、あまり重視されてはいなかった。暁烏もまた、近角と同じく、個々人の体験にこそ宗教の真価を認めていた。だが、その体験の力によって、むしろ宗派の伝統の権威を乗り越えるための方法を模索した。そして、自己の宗教体験に依拠しつつ、さらに広範な読書によって獲得した「教養」を武器にしながら、宗派の伝統の力に対抗していく、「私」の仏教を打ち出した。

教養主義者であった暁烏は、自分によき示唆を与えてくれる古今東西の書物を愛した。その結果、仏教書の聖典としての価値を次第に相対化していった。彼にとって仏教書は、仏教の伝統を過去から伝えるがゆえに重要なのではなく、彼の人生や思想にとって意味をなすからこそ大事なのであった。

彼は、特定の宗派の僧侶であった。それゆえ、その宗派に関連する仏教書をよく読んでいた。だが、後に国粋主義の隆盛する時代になると、日本の古典にはなはだしく傾倒し、これを仏教書よりも上位に置いた。こうした事実から考えると、仏教書は、たまたま彼の人生の大半の時期において、彼の読書生活の中心を占めていたに過ぎなかったとも言える。

このように、暁烏においてその萌芽が見られた仏教の教養化は、倉田百三の作品と思想において、その本質を全面的に開花させた。倉田の作品において、仏教は、キリスト教のような伝統を大きく異にする宗教とも自由自在に結びついた。有名な宗派の開祖を題材にしたその作品は、しかし、その宗派の信仰や教えを伝えることを目的としてはいなかった。それは、ただ単に倉田の思想を表現するために書かれていた。

彼にとって、読書などを通して仏教を学ぶことは、特定の仏教に帰依することとは何ら関係がなかった。そして、それは彼の書いた本を読んだ多くの読者にとっても同様であった。倉田の本を読んでも、仏教の正しい伝統を知ることはできない。だが、それでも倉田の本は売れに売れ続け、宗派や寺院や僧侶の仏教とは本来的に関係のない、教養化された仏教の世界を拡張させていった。

†宗派の内外での思想の流れ

近代日本の仏教思想は、井上円了が仏教の哲学化によって一世を風靡《ふうび》した明治二〇(一八八七)年頃から、倉田百三の『出家とその弟子』が刊行され即座にベストセラーとなった大正六(一九一七)年までの約三〇年のあいだに、その性質を、目まぐるしい速度で変化させていった。

国家による政治や教育とは異なる次元で、国民を教化する「宗教」になろうとした仏教は、単に「宗教」であるのみならず、ときに「哲学」となり、ときに個人の内的な「体験」となった。さらには、「教養」の一部となり、その果てに、「伝統」から遠く離れて、「私」だけのものになった。

　こうした仏教思想の一種の近代化のプロセスは、総じて、既存の宗派の枠内から仏教が流出し、社会の別の領域へと広がっていく一連の流れとして理解することができるだろう。そうした仏教の流動は、主として知識人やエリートたちによって進められたが、他方で、影響力のある彼らの発言や行動や創作を通して、より広い範囲の人々のもとにも確かに届いていった。

　こうして、既存の宗派の枠内から流れ出していった仏教は、しかし、ときとして既存の宗派の内側へと、再び回帰していくこともあった。特に、清沢満之や暁烏敏らが属した真宗大谷派では、そうした流れが顕著であった。

　たとえば、大谷派の大学などで学ばれている「真宗学」である。それは、清沢の影響下にあった金子《かねこ》大栄《だいえい》や曾《そ》我量深《がりょうじん》らによって、江戸時代以来の同派の教学とは明らかに異質の学問として、大正期末頃に誕生した［Schroeder 2014］。彼らが構築したその「真宗学」においては、宗派の伝統的な教えと学びの権威ではなく、個人の内側に経験される信仰の事実こそが重んじられた。

　こうした金子や曾我の学問は、清沢の思想を自覚的に継承しつつ、それを一般社会ではなく、宗派内に広めることを最大のねらいとしていた。特に、宗派が設立した大学において、宗派の教えを学ぶ者たちに対して、その近代的な学問の内容が伝えられていった。

あるいは、清沢や暁烏が語ったようなタイプの信仰を基礎にして、戦後における宗派の一大改革を目指したのが、大谷派の「同朋会運動《どうぼうかい》」（一九六二―）であった［大谷大学真宗総合研究所真宗同朋会運動研究班編二〇一四］。それは、大谷派教団の成り立ちを、「家の宗教から個の自覚の宗教へ」と変革していくことを目標とした運動であった。家制度の崩壊と個人化の進む戦後社会を意識しながら、江戸時代以来の檀家制度ではなく、近代的な個人の信仰を基盤とする教団のあり方を作り上げようとした。

この「同朋会運動」は、戦後の伝統仏教による改革運動としては、間違いなく最大規模のものであり、宗派の外部からも注目された。だが、あくまでも宗派の古い体制を革新することがその最大の目的であり、基本的な視点は、宗派の内側にあった。

これら大谷派の宗派内で見られた新たな動きは、おおむね宗派の枠の外へと流動していく傾向のあった近代の仏教思想が、宗派の内にも大きな力を及ぼした例として、とても興味深いものである。こうした宗派の内外での仏教思想の環流は、近代仏教の可能性について考える上でも、示唆に富む。

だが、少なくとも現状の「真宗学」や「同朋会運動」について言えば、その一般社会との関連性の低さは否定し難いところであろう。それらは、仏教を宗派の外側へと開いていこうとした近代の思想を、結果として、再び宗派の閉鎖空間の内側へと封じ込めてしまったように思える。

これは大谷派の問題に限らず、閉鎖性の強い日本の宗派仏教は、その社会との関連性の希薄さや、現代人にとっての魅力の乏しさのため、このままでは自然淘汰されていく可能性が高い。そうした絶滅の危機を乗り越えるためにも、近代仏教の一つの特徴である、宗派の内外での思想の環流という運動の可能性について、改めて熟慮してみる価値はあるだろうと思われる。

†近代仏教の「痕跡」

近代仏教思想の現在的な可能性は、しかし、宗派の内側ではなく、近代の仏教が本質的にそこを目指そうとした場所にこそ、より積極的に認めていくべきだろう。それは、どこか。

それは、通念的には仏教とは無関係に思える領域である。近代日本の仏教者たちは、近代以前から続く仏教の伝統を再編成し、それを社会に拡散していった。その結果、現在から見ると仏教とはあまり関係がなさそうな領域において、仏教の思想が重要な役割を果たす場合があった。

たとえば、日本における精神分析学という領域である［岩田(文)二〇一四］。古澤平作《こさわへいさく》は、日本にフロイトの精神分析の技法を導入し、日本独自の精神分析学を開拓した人物だが、その理論の構築にあたって、仏教の思想が大きな影響を及ぼしていたのである。

古澤には、「阿闍世《あじゃせ》コンプレックス」論という、比較的よく知られた精神分析の理論がある。これは、人間の心の病の分析に際し、父子関係を重視するフロイトの「エディプスコンプレックス」論とは異なり、母子関係のほうに重きを置くタイプの理論であった。

この独自理論の形成にあたって、古澤が参考にしたのが、近角常観による説法の内容であった。主著である『懺悔録』にも記されているように、近角は彼の説法の題材として、阿闍世とその母イダイケの救いの物語である「王舎城の悲劇」を選ぶことが少なくなかった。その近角に傾倒した古澤は、近角の語る阿闍世の回心と救済の思想を原型にしながら、彼の「阿闍世コンプレックス」論を構築したのである。

こうした宗教的背景を持つ古澤の精神分析学は、小此木啓吾《おこのぎけいご》や土居健郎《どいたけお》といった彼の弟子たちによって、宗教性を除去したかたちで継承されていった。だが、その宗教性は完全に抹消されたわけではなく、別のかたちで、現在の日本の精神分析論にその影響の一端を残している。

このように、近角のような仏教者によって近代的に再編成された仏教が、現在からすると思いもよらぬような領域で過去に応用され、その領域の進展に関わってきたのである。

こうした近代仏教の重要な「痕跡」を、様々な領域に発見し、現在におけるその影響の内実を、自覚的に問い直していくこと。そうすることで、その領域の現在を反省し、と同時に、仏教の現在を反省すること。そこに、近代仏教思想の現在的な可能性がある。

日本の近代について考える際、私たちはこれまで、あまりにも仏教（宗教）を軽視してきた。近代日本は世俗社会であり、まず考えるべきは、政治や経済の展開だろうと言うように。

だが、仏教は、日本の近代社会や近代思想の形成において、政治や経済に負けず劣らず、きわめて重要な役割を果たしてきた［末木二〇〇四］。いや、そもそも政治なるもの自体が、ときに仏教とは無関係ではありえなかった。

たとえば、近代に生きた多くの日本人を動員した政治思想である愛国心や全体主義は、しばしば仏教をはじめとする宗教と信仰の力があったからこそ、強い説得力を持ちえた［中島・島薗二〇一六］。そうした歴史的事実がある以上、近代の政治思想は、仏教を考慮にいれずには、十分に検討することができないのである。

私たちが生きてものを考える現在は、近代の歴史に少なからず規定されており、その歴史が生んだ土壌を一つの主要な立脚地としている。そして、その立脚地がどのようにしてできあがったのか、それをよく知るためにこそ、近代の歴史に関する研究や学問はある。だが、そうした研究や学問の場において、仏教は、その重要性に比して、あまりにも脇に遠ざけられてきた。その歴史のかなりの部分が、日本人の大勢によって忘れ去られてきた。

そのような忘却の淵から仏教を呼び戻し、近代日本における仏教の役割を、きちんと想起する。そうすることで、現在の私たちの立脚地を、改めて考え直していく。

本書は、そうした近代と仏教の想起の作業へと読者を誘《いざな》うための、ささやかな試みであった。

あとがき

私は、仏教を独学で学んできた。大学での専攻は経済学であり、大学院は社会学系であった。読書が好きだったため、やがて思想や哲学や歴史に関する書物を読むようになり、仏教もその延長上で学ぶようになった。

仏教について真剣に考えるようになってからは、多量の仏教関係書を読むようになった。仏教学や仏教史の本はもちろん、僧侶や作家などが執筆した仏教をテーマにした読み物も含めて、手当たり次第に読んでいった。ただひたすら自分のためだけに、仏教の言葉と向き合ってきた。

そんな私が、仏教についての共同的な学びの場に参入したのは、近代の仏教をめぐる研究のネットワークに接続してからのことである。いまから八年ほど前のことだろうか。近代仏教を研究している諸先生・先輩方から多くの知見を授かるようになり、自分の研究に対する指導をいただくようにもなった。研究を継続していく上での、大事な仲間も得られた。人文系の研究は本質的に孤独な営みではあるが、この友愛に満ちたネットワークに接続できたことで、私の研究者としての人生は、とても豊かなものになった。

本書は、そのネットワークから生み出された研究の成果を、広く世に伝えることを、一つの大きな目的としている。おおよそ二〇世紀の末頃から現在に至るまで、近代仏教に関する研究は、驚くほど急速なペースで進展している。注目すべき業績が、次々と発表され続けている。そのダイナミックな研究の展開によって、日本の仏教に関する研究領域に、一種の地殻変動が起きつつあるようにすら思えるのである。

本書では、そうした活力のある研究のうち、特に興味深いと思われる部分をピックアップし、それらを、近代仏教をめぐる一貫したストーリーのなかに配置している。ただし、あくまでも諸研究のハイライトである。うまく活かすことができず、そぎ落としてしまった重要な知見も少なくない。そうした、本書では記述しきれなかった部分については、本書の参考文献などに直接あたることで、読者が自力でたどり着いてもらいたい。専門的な著作が多いが、いずれも非常に興味深い学識にあふれた本や論文ばかりである。

ちょうど本書を執筆し始めた頃、にわかに人文知の危機に関する議論が盛り上がってきた。大学の文系学部の廃止・不要論と連動したかたちの議論であった。危機を心配することに時間を費やすよりも、魅力的な人文知を開発することにこそ意を注ぐべきなのではと思わないではなかったが、とはいえ、自分も人文系のアカデミズムの末端で生活している人間の一人である。これは決して他人事ではない話だなと思いながら、一連の議論を眺めていた。

人文知の危機などについて、なぜ唐突に語り始めたのか、と思われたかもしれない。しかしながら、これが本書の執筆内容とも密接に関係しているのである。本書に登場する仏教者たちは、日本の哲学の基礎を作ったり、大学を作ったりした人々であった。あるいは、学校の外に独自の学びの場を作り上げることで、若き知的エリートたちを数多く育てた人々であった。さらには、自前の出版社を立ち上げたり、日本的な教養文化の形成に関わってきたりした人々であった。

そうした彼らの歩みや思考をたどり直し、その意義について検討した本書は、いま危機にあるとされる人文知の将来について考える上でも、参考になるところが少なくないと思われる。近代日本における人文知はいかにしてできあがり、そこには、どのような問題や可能性があったのか。本書は、それを「仏教」という視点から描き出した、類書のない作品であると言えるだろう。

さて、本書の完成までには、筑摩書房の松田健さんにたいへんお世話になった。本書の企画段階から様々なアドバイスをしていただき、執筆の過程でも、よりよい本を書き上げるための示唆を無数に頂戴した。日本の人文知が、大学とともに出版に大きく支えられていることは周知の事実だが、その事実を、この一年ほどのあいだ、はじめて体感的に理解することができた。それは、本当にとてもありがたい経験であった。

その松田さんと私を引き合わせてくれたのが、畏友の岡本亮輔氏である。地元を同じくする氏とは、かつては毎週のように飲み歩き、無駄な話や、無駄ではない話を、延々と積み重ねる仲であった。だが、互いに東京を離れてからは、すっかり会う機会が減ってしまった。氏とともに足繁く通ったあの地下の酒場も店を閉めると聞き、諸行は無常と思い知る。

二〇一六年五月末

碧海寿広

参考文献

赤江達也　二〇一三『「紙上の教会」と日本近代――無教会キリスト教の歴史社会学』岩波書店。
暁烏敏　一九四〇『国体と佛教』香草舎。
――　一九七五a「歎異鈔講話」『暁烏敏全集』第六巻、涼風学舎。
――　一九七五b「更生の前後」『暁烏敏全集』第一二巻、涼風学舎。
麻生義輝　一九四二『近世日本哲学史』近藤書店。
井上円了　一九八七a「真理金針」『井上円了選集』第三巻、東洋大学。
――　一九八七b「仏教活論序論」『井上円了選集』第三巻、東洋大学。
――　一九九〇「仏教活論本論」『井上円了選集』第四巻、東洋大学。
今村仁司　二〇〇四『清沢満之と哲学』岩波書店。
岩田重則　二〇一〇「「葬式仏教」の形成」末木文美士編『新アジア仏教史13　民衆仏教の定着』佼成出版社。
岩田文昭　二〇一四『近代仏教と青年――近角常観とその時代』岩波書店。
岩田真美　二〇一二『幕末維新期における真宗護法論の研究――超然と月性の排耶論を中心に』博士学位論文（龍谷大学）。
上野大輔　二〇一四「江戸時代の絵入り仏書について」浅見雅一編『近世印刷史とイエズス会系「絵入り本」』慶應義塾大学文学部。

臼井史朗　二〇〇四『神仏分離の動乱』思文閣出版。
江島尚俊　二〇一四「近代日本の高等教育における教育と教化」江島尚俊、三浦周、松野智章編『シリーズ大学と宗教〈1〉　近代日本の大学と宗教』法藏館。
塩谷菊美　二〇一一『語られた親鸞』法藏館。
大谷栄一　二〇〇一『近代日本の日蓮主義運動』法藏館。
――――　二〇一二『近代仏教という視座――戦争・アジア・社会主義』ぺりかん社。
大谷大学編　二〇〇三『清沢満之全集　第六巻　精神主義』岩波書店。
大谷大学真宗総合研究所真宗同朋会運動研究班編　二〇一四『同朋会運動の原像――体験告白と解説』法藏館。
大澤絢子　二〇一四「大正期親鸞文学における「人間親鸞」像の変容――倉田百三から石丸梧平へ」『現代と親鸞』二九号。
大澤広嗣　二〇一五『戦時下の日本仏教と南方地域』法藏館。
碧海寿広　二〇一四『近代仏教のなかの真宗――近角常観と求道者たち』法藏館。
岡田正彦　二〇〇九「宗教研究のヴィジョンと近代仏教論――「仏意」と「仏説」」林淳・大谷栄一編『季刊日本思想史』七五号、ぺりかん社。
小川原正道　二〇〇四『大教院の研究――明治初期宗教行政の展開と挫折』慶應義塾大学出版会。
――――　二〇一四『日本の戦争と宗教1899―1945』講談社。
菊地章太　二〇一三『妖怪学の祖　井上円了』角川学芸出版。
清沢満之　二〇〇二a「宗教哲学骸骨」大谷大学編『清沢満之全集　第一巻　宗教哲学』岩波書店。
――――　二〇〇二b「他力門哲学骸骨試稿」大谷大学編『清沢満之　第二巻　他力門哲学』岩波書店。
クラウタウ、オリオン　二〇一二『近代日本思想としての仏教史学』法藏館。

倉田百三　一九九四「出家とその弟子」大東出版社編輯部編『倉田百三選集　第八巻　戯曲篇一』日本図書センター。
小坂国継　二〇一三『明治哲学の研究――西周と大西祝』岩波書店。
近藤俊太郎　二〇一三『天皇制国家と「精神主義」――清沢満之とその門下』法藏館。
坂本慎一　二〇一一『戦前のラジオ放送と松下幸之助――宗教系ラジオ知識人と日本の実業思想を繋ぐもの』PHP研究所。
佐藤厚　二〇一三「井上円了『八宗綱要ノート』の思想史的意義――仏教・哲学一致論の前提、および吉谷覚寿の思想」『井上円了センター年報』二二号。
繁田信爾　二〇〇八「日清戦争前後の真宗大谷派教団と「革新運動」――清沢満之「精神主義」の起源」『近代仏教』一五号
島薗進　二〇一三『日本仏教の社会倫理――「正法」理念から考える』岩波書店。
白川哲夫　二〇一五『「戦没者慰霊」と近代日本――殉難者と護国神社の成立史』勉誠出版。
新佛教研究会（代表：吉永進一）編　二〇一二『近代日本における知識人宗教運動の言説空間――「新佛教」の思想史・文化史的研究』科学研究費助成事業（二〇〇八～二〇一一年度）研究成果報告書。
末木文美士　二〇〇四『明治思想家論』トランスビュー。
――　二〇〇九「迷走する親鸞――『出家とその弟子』考」林淳・大谷栄一編『季刊日本思想史』七五号、ぺりかん社。
――　二〇一〇『近世の仏教――華ひらく思想と文化』吉川弘文館。
鈴木範久　一九八〇『倉田百三〈増補版〉』文明堂。
高橋原　二〇一四「明治期東京帝国大学宗教学科における仏教と宗教――亀谷凌雲の事例を手がかりに」江島尚俊・三浦周・松野智章編『シリーズ大学と宗教〈1〉近代日本の大学と宗教』法藏館。

竹内洋　二〇〇三『教養主義の没落――変わりゆくエリート学生文化』中央公論新社。
竹村牧男　二〇〇九『入門　哲学としての仏教』講談社。
伊達（手戸）聖伸　二〇〇〇「旧制第一高等学校における教養と宗教――明治後期から大正期を中心に」『東京大学宗教学年報』一七号。
谷川穣　二〇〇八『明治前期の教育・教化・仏教』思文閣出版。
圭室文雄　一九九九『葬式と檀家』吉川弘文館。
近角常観　二〇〇二a『信仰之余瀝』求道会館復興委員会。
――　二〇〇二b『懺悔録』求道会館復興委員会。
千葉幸一郎　二〇一一「空前の親鸞ブーム粗描」五十嵐伸治ほか編『大正宗教小説の流行――その背景と〝いま〟』論創社。
塚田穂高　二〇一五『宗教と政治の転轍点――保守合同と政教一致の宗教社会学』花伝社。
筒井清忠　二〇〇九『日本型「教養」の運命――歴史社会学的考察』岩波書店。
戸田・ディラン　二〇一四「近代仏教概念をめぐる一考察――「哲学としての仏教」なる言説と近代仏教概念研究の可能性」『近代仏教』二一号。
永岡崇　二〇一五『新宗教と総力戦――教祖以後を生きる』名古屋大学出版会。
中島岳志・島薗進　二〇一六『愛国と信仰の構造――全体主義はよみがえるのか』集英社新書。
中西直樹　二〇一三『植民地朝鮮と日本仏教』三人社。
中西直樹・吉永進一　二〇一五『仏教国際ネットワークの源流――海外宣教会（1888〜1893年）の光と影』三人社。
名和達宣　二〇一四「清沢満之を「一貫する」思想――『臘扇記』を手がかりとして」『現代と親鸞』二八号。

新野和暢　二〇一四『皇道仏教と大陸布教――十五年戦争期の宗教と国家』社会評論社。
長谷川琢哉　二〇一四「ラフカディオ・ハーンの〈高等仏教〉と井上円了」『井上円了センター年報』二三号。
林淳　二〇〇九「近代仏教の時期区分」林淳・大谷栄一編『季刊日本思想史』七五号、ぺりかん社。
――　二〇一五「宗教と学術」苅部直・黒住真・佐藤弘夫・末木文美士・田尻祐一郎編『日本思想史講座5――方法』ぺりかん社。
引野亨輔　二〇一五「仏書と僧侶・信徒」横田冬彦編『読書と読者』平凡社。
平石典子　二〇一二『煩悶青年と女学生の文学誌――「西洋」を読み替えて』新曜社。
福島栄寿　二〇〇三a『思想史としての「精神主義」』法藏館。
――　二〇〇三b「国民「宗教」の創出――暁烏敏　天皇「生仏」論をめぐって」大桑斉編『〈論集〉仏教土着』法藏館。
藤田正勝　二〇〇八「日本における哲学史の受容」『哲学の歴史　別巻　哲学と哲学史』中央公論新社。
――　二〇一五『清沢満之が歩んだ道――その学問と信仰』法藏館。
星野靖二　二〇一二『近代日本の宗教概念――宗教者の言葉と近代』有志舎。
松田章一　一九九七『暁烏敏――世と共に世を超えん』上、北國新聞社。
――　一九九八『暁烏敏――世と共に世を超えん』下、北國新聞社。
MARTI-OROVAL, Bernat　二〇一二「清沢満之の宗教哲学における霊魂滅否論について――西洋思想の影響を中心に」『近代仏教』一九号。
三浦節夫　二〇一六『井上円了――日本近代の先駆者の生涯と思想』教育評論社。
森岡清美　一九八四「身分から職分へ――明治維新期の法制改革にみる僧尼の世俗化」竹中信常博士頌寿記念論文集記念刊行会編『宗教文化の諸相』山喜房佛書林。

守屋友江　二〇〇一『アメリカ仏教の誕生――二〇世紀初頭における日系宗教の文化変容』現代史料出版。
安冨信哉　一九九九『清沢満之と個の思想』法藏館。
安丸良夫　一九七九『神々の明治維新――神仏分離と廃仏毀釈』岩波書店。
山口輝臣　二〇一三『島地黙雷――「政教分離」をもたらした僧侶』山川出版社。
山本伸裕　二〇一一『「精神主義」は誰の思想か』法藏館。
――――　二〇一四『清沢満之と日本近現代思想――自力の呪縛から他力思想へ』明石書店。
渡部清　一九九八「仏教哲学者としての原坦山と「現象即実在論」との関係」『哲学科紀要（上智大学）』二四号。

Jaffe, Richard. 2001, *Neither Monk Nor Layman: Clerical Marriage in Modern Japanese*, University of Hawaii Press.
Krämer, Hans Martin. 2015, *Shimaji Mokurai and Reconception of Religion and The Secular in Modern Japan*, Univ. of Hawai'i Press.
Schroeder, Jeff. 2014. "Empirical and Esoteric: The Birth of Shin Buddhist Studies as a Modern Academic Discipline." *Japanese Religions* 39.

ちくま新書
1201

入門《にゅうもん》　近代仏教思想《きんだいぶっきょうしそう》

二〇一六年八月一〇日　第一刷発行

著　者　碧海寿広（おおみ・としひろ）

発行者　山野浩一

発行所　株式会社 筑摩書房
東京都台東区蔵前二-五-三　郵便番号一一一-八七五五
振替〇〇一六〇-八-四一二三

装幀者　間村俊一

印刷・製本　株式会社 精興社

乱丁・落丁本の場合は、左記宛にご送付ください。
送料小社負担でお取り替えいたします。
ご注文・お問い合わせも左記へお願いいたします。
〒三三一-八五〇七　さいたま市北区櫛引町二-六〇四
筑摩書房サービスセンター　電話〇四八-六五一-〇〇五三

ISBN978-4-480-06911-5 C0215

744
宗教学の名著30
島薗進
哲学、歴史学、文学、社会学、心理学など多領域から宗教理解、理論の諸成果を取り上げ、現代における宗教的なものの意味を問う。深い人間理解へ誘うブックガイド。

1145
ほんとうの法華経
橋爪大三郎
植木雅俊
仏教最高の教典・法華経が、サンスクリット原典から全面改訳された。植木雅俊によるその画期的な翻訳の秘密に橋爪大三郎が迫り、ブッダ本来の教えを解き明かす。

615
現代語訳 般若心経
玄侑宗久
人はどうしたら苦しみから自由になれるのか。言葉や概念といった理知を超え、いのちの全体性を取り戻すための手引を、現代人の実感に寄り添って語る新訳決定版。

1081
空海の思想
竹内信夫
「密教」の中国伝播という仏教の激動期に入唐した空海は何を得たのだろうか。中世的「弘法大師」信仰を解体し、空海の言葉に込められた「いのちの思想」に迫る。

886
親鸞
阿満利麿
親鸞が求め、手にした「信心」とはいかなるものか。時代の大転換期において、人間の真のあり様を見据え、新しい救済の物語を創出したこの人の思索の核心を示す。

918
法然入門
阿満利麿
私に誤りはなく、私の価値観は絶対だ——愚かな人間のための唯一の仏教とは。なぜ念仏一行なのか。日本史上最大の衝撃を宗教界にもたらした革命的思想を読みとく。

1121
密教アート入門
真鍋俊照
密教をアートから眺めると、すっきりと本質を理解できる。曼荼羅など視覚美術のみならず、人間の五感に訴えかけて自然と繋がる、秘術の根源がここに明かされる。

ちくま新書

864
歴史の中の『新約聖書』
加藤隆
『新約聖書』の複雑な性格を理解するには、その成立までの経緯を知る必要がある。一神教的伝統、イエスの意義、初期キリスト教の在り方までをおさえて読む入門書。

956
キリスト教の真実
——西洋近代をもたらした宗教思想
竹下節子
ギリシャ思想とキリスト教の関係を検討し、近代ヨーロッパが覚醒する歴史を辿る。キリスト教という合せ鏡をとおして、現代世界の設計思想を読み解く探究の書。

1048
ユダヤ教　キリスト教　イスラーム
——一神教の連環を解く
菊地章太
一神教が生まれた時、世界は激変した！「平等」「福祉」「不寛容」などを題材に三宗教のつながりを分析し、現代の底流にある一神教を読み解く宗教学の入門書。

1057
ヴァティカンの正体
——究極のグローバル・メディア
岩渕潤子
幾多の転換期を生き延びたヴァティカンのメディア戦略を歴史的に俯瞰し、特に宗教改革、対抗宗教改革における生き残り策から、日本が学ぶべきことを検証する。

1102
エクスタシーの神学
——キリスト教神秘主義の扉をひらく
菊地章太
ギリシア時代に水源をもち、ヨーロッパ思想の伏流水であるキリスト教神秘主義。その歴史を「エクスタシー」の観点から俯瞰し、宗教の本質に肉薄する危険な書。

1022
現代オカルトの根源
——霊性進化論の光と闇
大田俊寛
多様な奇想を展開する、現代オカルト。その根源には「霊性の進化」をめざす思想があった。19世紀の神智学から、オウム真理教・幸福の科学に至る系譜をたどる。

814
完全教祖マニュアル
架神恭介
辰巳一世
キリスト教、イスラム、仏教などの伝統宗教から現代日本の新興宗教まで古今東西の宗教を徹底的に分析。教義や組織の作り方、奇跡の起こし方などすべてがわかる！